Peter-Wolfgang Klose

Überall

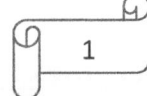

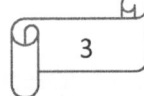

Gebete für Gläubige, Atheisten und Unentschiedene

Beten kann man überall

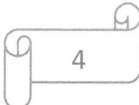

Den ungewöhnlichen Orten und
Situationen gewidmet

Sehen, hören, sprechen

Herr, ich habe meine Augen offen und sehe trotzdem nichts.

Wieso sehe ich das Elend nicht, welches um mich herum ist?

Warum sehe ich nicht den Menschen, der mir mit seinen Blicken sagt, dass er allein ist?

Weshalb sehe ich nicht mehr die Schönheiten, die Du in der Natur für uns geschaffen hast?

Herr, ich habe die Ohren frei und höre trotzdem nichts.

Wieso höre ich die Schreie der Hilflosen nicht, welche um mich herum sind?

Warum höre ich nicht den Menschen, der mir mit stummen Schreien sagt, dass er mich braucht?

Weshalb höre ich nicht mehr die wunderbaren Klänge der Natur, die Du für uns geschaffen hast?

Herr, ich öffne meinen Mund und sage trotzdem nichts.

Wieso fallen mir keine tröstenden Worte ein, für Traurige, welche um mich herum sind?

Warum sage ich dem Menschen nichts, der mir mit großen Augen und offenen Ohren sagt, dass er mich braucht?

Weshalb sage ich nicht die richtigen Worte, welche die Seele berühren, mit der Du uns zum Menschen gemacht hast?

Herr, gib mir die Augen wieder, die ich brauche,

gib mir bitte die Ohren wieder, damit ich höre

und gib mir die richtigen Worte, damit ich andere helfen kann.

Dafür danke ich Dir schon jetzt.

Amen

Gebet eines kleinen Jungen

Lieber Gott, Broody, mein Teddybär, ist krank. Ich fühle es, dass er Bauchschmerzen hat. Er kann mir das zwar nicht sagen, aber ich fühle es. Er brummt so komisch.

Kannst Du ihn wieder gesundmachen?

Ach ja, ich habe noch eine Bitte an Dich. Kannst Du nicht machen, dass mein Daddy mir ein Fahrrad kaufen kann. Alle Kinder in meiner Klasse haben ein Fahrrad, nur ich nicht. Mum meint, es wäre zu gefährlich. Dabei stimmt das nicht. Erwachsene sind aber so.

Lieber Gott, ich wollte Dir aber auch danken. Danken dafür, dass wir so eine liebe Lehrerin haben. Die ist wirklich toll.

Und danke lieber Gott, dass ich neulich die Rechenaufgaben verstanden habe. Mein Freund Joe meint, das sei nicht so normal. Ihm falle das schwer, aber mir nicht. Kannst Du ihm vielleicht beim nächsten Mal helfen? Joe ist in Ordnung und er will seiner Mutter eine Freude machen. Die hat doch so viele Probleme, weil Joe keinen Vater mehr hat. Beschütze seinen Vater im Himmel. Joe meint, sein Dad wäre jetzt ein neuer Stern am Himmel, aber ich weiß, dass er bei Dir ist. Das hat mir mein Dad erklärt und der weiß das.

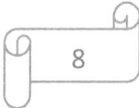

Lieber Gott, ich muss jetzt aufhören zu beten. Morgen haben wir ein Fußballspiel und da muss ich fit sein. Ich habe auch nichts dagegen, wenn wir gewinnen.

Lieber Gott, beschütze Mum, Daddy und die anderen und vergiss nicht Broody mit seinen Bauchschmerzen.

Ich habe Dich lieb, ganz toll lieb, lieber Gott.

Amen

Dein Joseph

Der Große

Herr, wie oft lesen wir von Herrschern und Herrscherinnen, dass sie die „Großen" waren. Warum nur? Weil sie Kriege führten? Weil sie Menschen ins Elend stürzten? Weil sie unübersehliche Mengen von Toten hinterließen? Weil sie Länder eroberten – aus welchen Gründen auch immer?

Herr und Gott, Vater und Bruder, Freund und Tröster, warum sprechen wir nicht von „Großen" weil jemand einem hungrigen Menschen ein Stück Brot gab, weil ein junger Mensch einem alten Menschen Hilfe gab, weil sich Familienmitglieder für Kranke, Alte und Hilflose aufopferten?

Herr, Du bist groß – dank Deiner Güte, Deinem Vergeben, Deines Verzeihens, Deiner Gnade.

Ich hoffe, nein ich weiß, dass Du die unbekannten „Großen" eher zu Deiner Rechten sitzen lässt, als die historischen Großen.

Dafür danke ich Dir.

Amen

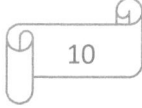

Friedensgott

Herr im Himmel und auf Erden,

Du gabst uns Ohren, um zu hören.

Du gabst uns einen Mund, um zu sprechen.

Du gabst uns Augen, um zu sehen.

Du gabst uns ein Gehirn, um all das zu verarbeiten

und Du gabst uns ein Herz, um richtig zu handeln.

Doch wir nutzen all diese großartigen Fähigkeiten nicht.

Aufseher unserer Seelen,

höre bitte die Schreie der Unterdrückten,

gleich ob in der Ukraine, in Nordkorea oder in Zentralafrika.

Gib ihnen bitte bald die Freiheit, die sie sich wünschen.

Großer Schöpfer,

Du hast uns geschaffen nach Deinem Bild.

Doch wir verstehen nicht, warum es so schreckliche Schmerzen,

Depressionen oder Burn out gibt.

Hole bitte die Menschen mit diesen Leiden bitte wieder an das Licht der Sonne,

die Du auch geschaffen hast.

Lass Sie wieder am Glück des Lebens teilhaben,

welches auch Teil Deiner Schöpfung ist.

Amen

Sonnenstrahlen

Herr, Du schickst wieder Deine Boten zu uns.

Für mich sind Sonnenstrahlen Boten Gottes,

denn sie machen die Menschen fröhlich,

wecken die Herzen wieder auf

und gib der Natur wieder Kraft.

Dank der Sonne dank ihr blüht und keimt es wieder.

Dank der Sonne, denn ist es hell.

Für mich sind diese Strahlen Deine Boten.

Danke dafür Herr des Lichtes und der Gnade.

Lebendiger Gott,

gib uns Menschen wieder die Fähigkeit zu hören,

anderen zuzuhören,

Dich zu hören, in jedem Ton, gleich ob es der stumme
Schrei eines Nachbarn ist,

der Hilfe braucht.

Gib uns wieder die Fähigkeit zu sehen,

andere wieder zu sehen,

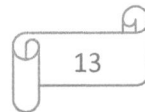

Dich zu sehen, in jedem Blick, auch der, welcher flehentlich in den Augen der Anderen ist,

die unsere Hilfe brauchen.

Gib uns wieder Platz in unseren Herzen und Seelen,

für unsere Nächsten, für Dich und letztlich auch für uns selbst.

Großer Erschaffer, lass uns wieder das werden, was Du eigentlich aus uns machen wolltest, als Du uns geschaffen hast.

Zeige uns den rechten Weg in die Zukunft,

zeige uns, wie schön die Welt sein kann.

Gib uns die richtigen Gedanken und blockiere die falschen Wege.

Vollkommener Gott, Festung unseres Glaubens,

in aller Stille schicken wir Dir all das, was unsere Seelen berührt, belastet oder zu Dir schreit.

Bitte erhöre jeden von uns.

Amen

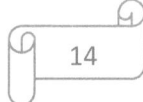

Abend

Gott.

Der Abend senkt sich nieder,

ich denke immer wieder:

wie schön der Tag doch war.

Ich hatte Zeit zum Träumen,

Gedanken aufzuräumen,

jetzt seh' ich wieder klar.

Ich hatte Zeit zum Denken,

die Wege wieder lenken.

was vorher wirre war.

Jetzt leg' ich froh mich nieder,

ich denke immer wieder:

wie gut der Tag doch war.

Amen

Herr, Du bist groß

Herr, Du bist groß,

größer als wir es uns vorstellen können.

Die Wärme, die wir von Dir erspüren, kann durch die Sonne nicht erreicht werden.

Die Tränen, die Du wegen unserer Fehltritte vergossen hast, könnten Meere auf allen Sternen im unendlichen All entstehen lassen.

Dein Liebe ist größer als das All und das was wir dahinter noch an Irgendetwas vermuten.

Deine Stärke ist größer als jeder Sturm.

Herr, Du hast uns ein Herz gegeben, damit wir es für andere öffnen.

Herr, Du hast uns einen Geist gegeben, damit wir andere verstehen.

Herr, Du hast uns geschaffen, damit wir mit der Welt, die Du geschaffen hast

pfleglich umgehen.

Lass uns spüren, wie wir das anstellen können,

lass uns sehen, was wir gerne übersehen,

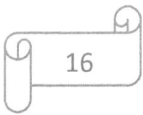

lass uns hören, wie der Nachbar um Hilfe ruft.

Lass uns ein wenig von Deiner Wärme weitergeben,

lass uns Deine Tränen trocknen,

lass uns Deine Liebe weitergeben –

denn Du hast uns zu Deinem Ebenbild geschaffen,

wenn auch zum ganz, ganz kleinen Ebenbild.

Amen

Rotkehlchen

Lieber Gott, ich weiß, ich bin nur ein kleines Rotkehlchen,

aber ich wollte auch einmal zu Dir beten.

Weißt Du noch, wie das damals bei der Schöpfung war.

Ich war so feige, als wir uns anstellen sollten, als Du uns Vögeln die Farben gabst. Deshalb stand ich ganz hinten. Hinter mir war nur noch der Spatz.

Und als wir an der Reihe waren, hattest Du keine Farbe mehr.

Generationen lang haben wir uns ja nicht beklagt,

wir waren ja sogar noch kleiner als diese Spatzen.

Aber dann war da die Sache mit der Kreuzigung.

Wie elend der Mann war,

dem man diese Dornenkrone auf das Haupt gedrückt hatte.

Da ist einer von uns hingeflogen und hat einen Dorn aus der Stirn gezogen.

Und dabei ist damals ein Tropfen Blut auf unsere Brust getropft.

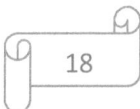

Seit dieser Zeit haben wir diese rote Brust.

Weißt Du, lieber Gott, dafür wollte ich Dir einmal danken.

Alle Menschen freuen uns, wenn sie uns sehen.

Dabei haben wir doch nur Mitleid gehabt und geholfen so gut wir konnten.

Lieber Gott, wenn sich noch einmal eine Gelegenheit ergibt,

dann hilf auch den Spatzen, damit sie nicht so traurig aussehen.

Und schütze uns vor Raubtieren, auch wenn Du die ebenfalls geschaffen hast.

Mit einem fröhlichen Pips danke ich Dir im Namen aller Rotkehlchen.

Amen.

Augen

Herr, Du hast uns Augen gegeben, um zu sehen.

Wir sollten eigentlich mehr staunen, was es alles zu sehen gibt.

Doch wir sehen sehr oft lieber daran vorbei.

Sicher ist es schöner blühende Blumen zu sehen.

Doch auch mancher alte Mensch ist eine Blume,

eine Blume, die alle Schönheit in die letzte Phase ihres Lebens gibt.

Sicher ist es schöner Regenbögen zu sehen.

Doch wir sehen die Tränen oft nicht,

Tränen, die oft heimlich geweint werden in Phasen der Einsamkeit.

Sicher ist es schöneres Glück zu sehen.

Doch wir sehen die Not oft nicht,

Not, die sich verzweifelt in Nischen verdrückt in Phasen der Angst.

Herr, Du hast uns Augen gegeben, um zu sehen.

Hilf uns bitte diese Augen auch zu öffnen,

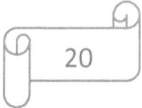

denn wenn wir Tränen, Not und Angst auch sehen und helfen können,

dann sind Blumen, Regenbögen und Glück noch wunderbarer.

Herr, öffne unsere Augen für die ganze Welt,

die Du geschaffen hast.

Amen

Vogelfrei

Herr, Schöpfer der Erde und der Lüfte,

wie oft stelle ich mir vor, ich wäre ein Vogel.

Ich würde so gerne einmal fliegen,

Die Welt aus der Höhe der Luft sehen,

den Blumen nahekommen.

Welche Möglichkeiten hätte ich dann?

Ich würde wie ein Adler majestätisch in den Lüften kreisen?

Nein, da wäre ich ziemlich einsam,

ich bin lieber mit anderen zusammen.

Dann vielleicht eine Ente oder ein Erpel auf einem See,

die Nebelschwaden und Sonnenuntergänge genießend.

Manchmal wäre es auch sicher schön, die Farben zu genießen, die Du den Vögeln gegeben hast. Dem Eisvogel, dem Goldfasan oder dem Pfau.

Lieber Gott, Deiner Phantasie hast Du freien Lauf gelassen.

Du gabst der Elster einen Glanz, dem Raben die Intelligenz, der Taube das Gurren; der

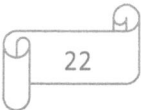

Fliegenschnäpper ist schnell, der Hahn ist der Herr im Haus und der Kranich ist stolz.

Aber vielleicht bin ich ja auch schon so ein Vogel?

Vielleicht denken ja einige Menschen: Was für ein komischer Vogel ist das denn?

Wackelt da entlang wie ein Ganter, diese männliche Gans. Stolz wie ein Kronenkranich, geschwätzig wie ein Papagei und hoffentlich so weise wie eine Eule.

Herr im Himmel, lass mich doch lieber Mensch bleiben. Dann kann ich mir das alles vorstellen. Ich kann mir ausmalen, wie es als Vogel wäre. Und wenn ich fliegen will, dann kann ich das auch. Im Geist, mit einem Fallschirm oder im Flugzeug.

Danke und Amen.

Außerirdisch

Schöpfer des Himmels und der Erde, Herr, Bruder und Freund, mein Gott.

Wir Menschen sind uns nicht genug, wir suchen fremdes, vielleicht ähnliches Leben in der Ferne. Dabei haben wir unsere Welt noch nicht einmal richtig erforscht. Noch weniger uns selbst.

Anfangs haben wir nur in die Sterne geschaut, dann mit Teleskopen und jetzt ist es hoch entwickelte Technik wie Raketen, Laser und Spiegel, mit denen wir hoffen Signale auffangen zu können, die Außerirdische aussenden.

Sind wir wirklich so neugierig? Und wenn ja warum?

Könnten wir diese Signale überhaupt entschlüsseln? Wenn wir sogar vom Menschen geschaffene Signale noch nicht verstanden haben? Herr, warum sind wir so?

Erhoffen wir uns das Besondere? Etwas Übermenschliches, etwas Übergöttliches?

Du schickst uns doch Signale, die wir ohne interstellare Technik empfangen können. Doch wir empfangen sie nicht oder nur schwach. Wollen sie vielleicht gar nicht empfangen.

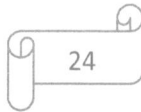

Versteher unserer Sorgen, lass die Anzahl der Menschen, die Dich verstehen, größer werden. Öffne unsere Empfänger wieder. Unsere Augen, unsere Ohren, unsere Herzen und unsere Seelen. Diese sehr irdischen Organe, die jeder von uns hat.

Vater und Bruder, Mutter und Schwester Gott, wir haben Dich in den Himmel gesetzt. Gott im Himmel, aufgefahren in den Himmel, sitzend zur Rechten Gottes, Fingerzeig bei Michelangelo. Lass uns wiedererkennen, dass Du bei uns bist. Nicht nur bei uns, sondern auch in uns. Du bist nicht fern im Himmel, im All, hinter dem All. Oder haben wir Dich dorthin verbannt, damit Du uns nicht zu nahe bist.

Freund Gott, ich spüre Dich immer wieder. Mitunter zart und schwach. Meist leitend, mitunter strafend. Aber jedes Mal weiß ich, Du bist bei mir, ich bin Dein, Du bist mein.

Und dafür danke ich Dir mein Lenker meiner Seele.

Amen.

Gedankenflug

Herr meiner Seele und meiner Gedanken,

heute hatte ich wieder einmal Zeit meine Gedanken fliegen zu lassen.

Meiner Seele freien Lauf zu lassen, einfach grenzenlos zu sein.

Ich weiß nicht mehr, was ich alles gedacht habe, aber es war schön,

entspannend und tat gut.

Dafür mein Gott möchte ich Dir danken.

Amen

Gib mir Zeit

Herr, gib mir Zeit,

ich meine nicht ein langes Leben.

Ich meine nur kurze Augenblicke, Momente, stille sein.

Wie oft möchte ich länger über etwas nachdenken,

doch der nächste Augenblick fordert meine ganze Aufmerksamkeit.

Wie oft möchte ich Momente festhalten, doch die nächsten Momente überblenden den vorherigen.

Wie oft möchte ich Stille genießen, vor einer Blume, unter den Sternen, bei schweifenden Blicken.

Doch die Kakofonie der Umwelt schreit mich an.

Herr gib mit bitte hin und wieder Zeit,

Augenblick, Momente, Stille.

Denn dann weiß ich, dass Du in meiner Nähe bist.

Amen

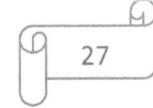

Vogelhäuschen

Lieber Gott,

Vogelhäuschen sind zu klein für uns Menschen,

aber sie sind wunderschön für Vögel.

Gib uns die Stärke zu erkennen,

was zu uns passt.

Lass uns erkennen, wo wir hingehören,

wer wir sind und was wir seien sollen.

Lieber Gott,

wir danken Dir, dass es Vogelhäuschen gibt

und Rotkehlchen oder Kleiber, die darin wohnen.

Auch Sie sind großartig,

vielleicht mehr als wir.

Amen

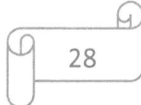

Wie gerne...

Herr des Himmels und der Erde,

wie gerne lebe ich stundenweise in Traumwelten,

wenn ich meinen Gedanken freien Lauf lassen kann,

wenn ich Blütenträume aufsauge,

deren Düfte versuche zu speichern.

Wie gerne schaue ich dem Spiel der Wolken zu,

die mir Bilder zeigen, mich lächeln lassen,

mit Kondensstreifen von Flugzeugen moderne Kunst malen, die kein Maler hinbekommt.

Wie gerne lausche ich den Tönen der Natur,

wenn sich Wind, Vögel und Tiere sich in Sinfonien üben, eigentlich immer den richtigen Ton treffen, es nie zu einer Kakofonie kommt.

Wie gerne lebe ich auf dieser Welt, in meinem Umfeld, auch durch mich geprägt, mit allem was mich inspiriert diese Zeilen zu schreiben, die mir sonst nicht einfielen.

Danke, lieber Gott.

Amen

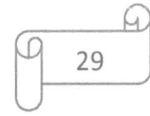

Gebet eines Hundes – eines kleinen Hundes

Lieber Gott, Schöpfer aller Hunde und – leider auch Katzen.

Heute muss ich mal zu Dir beten und leicht knurren, denn ich bin verärgert.

Böse will ich es nicht nennen, denn böse ist ein Charakterzug und nicht ein Zustand. Also ich bin verärgert über Dich. Seit Jahren mache ich mir Gedanken, ob ich als Hund überhaupt zu Dir beten kann, doch dann habe ich mir gesagt: Warum denn eigentlich nicht?

Darf ich meine Liste abarbeiten? Sonst vergesse ich noch was.

Also, wieso heiße ich eigentlich Herkules, wo ich doch ein Rehpinscher bin?

Wie ist mein Frauchen nur auf diesen Namen gekommen?

Du hast den Menschen doch einen Geist gegeben, oder hast Du mein Frauchen dabei übersehen? Ich zweifle manchmal an ihrem Geist.

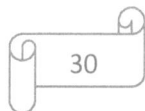

Wieso gibt es Katzen? Diese grauenvollen Monster, die nichts anderes im Sinn haben, als Rehpinscher zu jagen, kratzen und anzufauchen. Dabei reißen sie immer das Maul so weit auf, dass sie mich verschlingen könnten.

Und warum haben sie Krallen? Habe ich, ein Hund, Krallen? Nein!

Wieso gibt es Süßigkeiten, von denen die Menschen glauben, dass wir sie mögen?

Ich bekomme immer wieder Zahnschmerzen, Bauchschmerzen, Verstopfung oder Durchfall davon? Auch kann ich dieses: „Na schau mal, was ich Leckeres da für Dich habe!", nicht mehr hören. Ein kleines Stück Hühnerfleisch wäre mir lieber.

Auch diese französische Gänseleberpastete ist so ekelhaft. Doch Frauchen versteht das nicht. Sie meint es sicher gut, aber es ist zu fett, zu sehr gewürzt und zu teuer. Ich bin ein Hund. Ein Tier der Wildnis, mit Reiß- und Mahl- und Schneidezähnen, die Du mir gegeben hast.

Warum müssen einen so viele Leute knuddeln und dann mit parfümiertem Gesicht abküssen? Dieser Duft ist widerlich. Ich rieche gerne deftigere Dinge. Wenn ein Bauer gedüngt hat, mit Gülle, dann ist das ein Festival für mich. Doch Frauchen geht da schnell vorbei.

Lieber Gott, ich will mich aber auch bedanken. Bedanken für die Mäntelchen, die mir Frauchen im Winter anzieht, wenn die bei Nässe nur nicht so schwer werden. Und danken dafür, dass ich noch kein Rheuma habe, wie Schnuffelchen, die Rehpinscherin von Frau Zerbes, die wir manchmal treffen. Ich hatte schon mal gerne was mit ihr angefangen. Mit Schnuffelchen natürlich, nicht mit der Frau Zerbes. Doch wenn ich will, dann darf sie, aus irgendeinem Grund auch immer, nicht und wenn sie will, dann kann ich nicht, weil die Menschen es nicht merken und die Leine kurzhalten oder mich auf den Arm nehmen. Ist schon ein Hundeleben.

Ach ja, lieber Gott, es ist nicht leicht, ein Hund zu sein. Vielleicht liegt es daran, dass wir damals im Paradies an diesen Baum der Erkenntnis gepinkelt haben, obgleich Du es uns bei der Schöpfung verboten hattest. Und deshalb aus dem Paradies geflogen sind.

Das ist sicher auch der Grund, warum wir heute noch an jedem Baum schnüffeln müssen. Wir wollen den Übeltäter finden.

Lieber Gott, ich danke Dir auch dafür, dass es mich gibt, weil ansonsten mein Hundeleben schön ist. Mit sauberem Körbchen, täglichen Spaziergängen und immer jemanden, der mir das Essen serviert.

Und weißt Du, woher ich weiß, dass es Dich gibt? Na ja, mein Frauchen fängt fast jeden Satz mit den Worten an: „"Ach du lieber Gott" oder „Oh, mein Gott."

Ich grüße Dich mit einem kräftigen, Herkules gehört, Wuff.

Amen.

Über mir

Herr, Du hast den Himmel geschaffen – über mir.

Er scheint mir so endlos, so hoch, so entfernt.

Jedenfalls, wenn das Wetter schön oder normal ist.

Kommt da ein Gewitter, ist er auf einmal erschreckend nah.

Für mich ist es immer wieder fantastisch zu erleben, dass der Himmel unendlich ist, wenn ich mit dem Flugzeug durch die Wolken gestoßen bin. Dann ist darüber immer noch Himmel.

Herr, Du hast Deine Güte geschaffen – über mir.

Sie scheint mir so endlos, so groß, so allüberall.

Jedenfalls, wenn das Leben schön ist oder normal verläuft.

Kommt es zu Schwierigkeiten, ist Deine Güte auf einmal ganz nah.

Für mich ist es immer wieder fantastisch zu erkennen, dass die Güte Gottes unendlich ist, wenn wir uns an Deine Gebote halten. Aber auch darüber hinaus schenkst Du uns diese Güte.

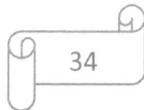

Herr, Du hast die Hoffnung geschaffen - auch für mich.

Sie scheint mir so endlos, so groß, so wichtig.

Jedenfalls, wenn ich normal leben kann, alles in seinen Bahnen läuft.

Für mich ist es immer wieder fantastisch zu erkennen, dass die Hoffnung unendlich ist, wenn wir nicht aufgeben an sie zu glauben. Aber auch, wenn wir anscheinend hoffnungslos sind, dann sind wir es nur anscheinend, denn die Hoffnung stirbt nicht, nicht einmal zuletzt.

Herr, dafür danke ich Dir.

Amen

Abendgebet

Herr, die Sonne geht unter, tritt ihre lange Reise durch die Nacht an.

So dachten die Menschen früher,

Herr, ein Tag voller Arbeit ist vorbei, ich habe viel geschafft, wenn auch nicht Alles was ich wollte.

Herr, ich hatte viel Glück, denn ich hatte keinen Unfall, traf nur nette Menschen und hatte zu essen.

Danke, dass Du mich beschützt hast, mir Menschen entgegenkommen ließest, die mit freundlich gesonnen waren und Du mich in meinem Glauben gestärkt hast.

Jetzt kann ich ruhig zum Schlaf mich legen, vielleicht auch den Mond betrachten und mich freuen, wenn die Sonne morgen wieder ihre Reise durch den Tag antritt.

Amen

Gebet an der Bahnschranke – genau auf meiner Strecke

Herr im Himmel,

ich stehe hier an der Schranke. Genau vor meinem Auto ist sie heruntergegangen.

Jetzt warte ich hier.

Wie lange weiß ich nicht.

Warum sollte ich dann nicht kurz beten.

Danke, dass ich bis jetzt unfallfrei gefahren bin. Ich hoffe, dass ich mit meinem Fahrverhalten auch niemanden gefährdet habe.

Danke für die schönen Momente, die ich genießen konnte, wenn ich in durch die Landschaft fuhr.

Herr, Du hast wirklich tolle Dinge geschaffen. Berge, Hügel, Seen und Ebenen. Wie bist Du nur auf all die schönen Dinge gekommen?

Lieber Gott, ich habe auch viel gelernt. Immer dann, wenn ich im Radio Dinge höre, die ich vorher noch nicht wusste. Es macht richtig Spaß Neues zu lernen.

Ich habe auch wunderschöne Musik gehört. Die CD, die gerade aufliegt, ist meine Lieblingsmusik. Ich

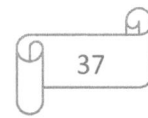

genieße sie immer wieder neu. Danke, dass Du Genies schaffst, die so etwas komponieren können.

Danke auch, dass ich Geduld gelernt habe. Wie zum Beispiel hier an dieser Ampel.

Ach, da kommt ja der Zug. Nein, es ist nur eine E-Look. Und dafür muss man hier so lange warten.

Ich hoffe, Du hast dieses Dankgebet mitbekommen. Würde mich sehr freuen, lieber Gott.

Amen

Eine Frage habe ich da

Lieber Gott, ich habe da mal eine Frage an Dich.

Wie ist es eigentlich, wenn man für Alles Verantwortung übernehmen muss?

Oder ist es nicht so?

Wir Menschen glauben ja, dass Du allmächtig bist. Und wenn Du das bist, dann hast Du ja auch die Verantwortung für alles.

Es fällt mir ehrlich schwer das zu glauben. Und Gott und glauben gehört für mich zusammen. Aber muss ich denn auch alles verstehen?

Wie kann man sich fühlen, wenn man all das Elend sieht. Kriege, Gewalt, Mord, Unfälle, Tod und all die schlimmen Dinge im Leben.

Vielleicht ist Gott ja gefühlslos. Nein, das kann er nicht sein. Sonst hätte er das Jakobsopfer zugelassen. Sonst hätte er das Volk Israels nicht immer wieder gerettet.

Gott muss Gefühle haben, sonst wäre Gott nicht die Liebe. Dann wäre es ja ein liebloser Gott. Oder Liebe und lieblos nicht einfach so gegenübersetzen?

Mein Konfirmationsspruch lautet: Gott ist Liebe und wer in der Liebe bleibt, der bleibt in Gott und Gott in ihm.

Wenn ich das genau nehme, dann bist Du als Liebe in mir. Warum spüre ich Dich dann nicht immer? Bin ich lieblos in diesem Augenblick? Ich hoffe doch nicht. Mir wurde so viel Liebe entgegengebracht, da will ich doch etwas von abgeben. Wenigstens hin und wieder.

Lieber Gott, bist Du denn auch für die Naturereignisse zuständig, oder hast Du die Verantwortung dafür abgegeben und wenn, dann an wen?

Dann bist Du ja für die Toten, die unschuldig Toten verantwortlich, die Erdbeben, Vulkanausbrüche, Tsunamis, Überschwemmungen oder Erdrutsche zur Folge haben. Das will ich nicht glauben. Denn wie ist es dann mit der Liebe?

Vielleicht machen wir es uns aber auch nur einfach. Es ist so schön, die Verantwortung einfach am jemanden zu übertragen, der nicht zu sehen, zu begreifen oder zu fassen ist. An dem einen oder anderen Unfall sind wir sicher selbst schuld.

Entschuldige bitte, jetzt sind es doch mehr als eine Frage geworden. Aber Du bist nicht so kleinlich wie wir Menschen. Danke dafür.

Amen

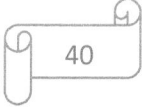

Wie soll das enden?

Herr, immer wieder sehen wir Bild von Kriegen.

Im Namen des Glaubens. Dem Glauben an Dich.

Dabei ist es gleich, ob es Juden, Christen oder Muslime sind.

Denn diese drei Religionen glauben an den gleichen Gott.

Den des Mose, zu dem Du aus dem brennenden Busch sprachst.

Wie kann es sein, dass Terror im Namen Gottes entsteht?

Wie kann es sein, dass Du dies zulässt?

Ich hoffe doch nicht, dass Dir die Welt entglitten ist.

Wir hatten das schon öfters in der Geschichte der Menschen.

Kriege, die sogar dreißig Jahre dauerten.

Brauchst Du doch Menschenopfer?

Nein, das kann und will ich nicht glauben.

Niemand mag sich ausmalen, was passiert, wenn da so weitergeht.

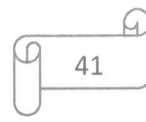

Fanatiker, Terroristen, Scheinheilige im Namen Gottes.

Herr, biete diesem Handeln doch Einhalt. Und wenn es ein neues Sodom und Gomorra gibt. Eine neue Sintflut, aber lass nicht weiter Unschuldige, vor allem Frauen und Kinder, darunter leiden.

Darum bitte ich Dich.

Amen.

Staugebet

Mein Gott, wie lange stehe ich jetzt schon in diesem Stau?

Gefühlt bestimmt eine Stunde, dabei sind es erst 15 Minuten.

Und? Was habe ich in dieser Zeit gemacht? Nichts!

Nur immer gewartet, dass es weiter geht.

Ging es ja auch erst, aber dann ging nichts mehr.

Warum soll ich dann eigentlich nicht mal wieder beten.

Ein Staugebet sozusagen.

Lieber Gott, lass es dort vorne nicht zu einem Unfall mit Verletzten oder gar Toten gekommen sein. Nur eine Panne.

Lass die auffahrenden Autos so vorsichtig fahren, dass sie nicht drauffahren.

Sonst ist es vorne vielleicht nur ein Blechschaden und am Ende kommt es zu Toten.

Herr, danke, dass ich die Zeit auch einmal dazu nutzen kann, wieder zu mir zu finden, in der Hektik des Tages.

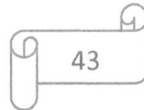

Wir lassen uns hetzten von Terminen, von Vorhaben, von anderen.

Danke, dass ich hier im Stau auch wieder Erholung finde, damit ich meine Fahrt in Ruhe fortsetzen kann, entspannt.

Herr, gib auch den anderen Fahrern diese Ruhe und gib uns dann eine gute Weiterfahrt.

Aha, da vorne geht es weiter.

Danke, dass es mir gut geht, lieber Gott.

Amen

Rasiergebet

Herr, ich stehe vor dem Spiegel und sehe mein Gesicht.

Es ist noch faltig von der Nacht. Ich sehe richtig, wo mein kleines Kuschelkissen seine Falten auf der Stirn hinterlassen hat.

Meine Tränensäcke sind noch leicht geschwollen. Ich glaube, ich sollte da erst einmal einen kalten Waschlappen drauflegen.

Wie schnell doch so ein Bart wächst. Es ist kaum zu glauben, gestern noch glattrasiert, wie ein Kinderpopo, wie man so schön sagt und heute schon wieder diese Stoppeln. Ich mag nicht unrasiert herumlaufen. Dann fühle ich mich nicht gepflegt.

Jetzt schüttele ich die Schaumdose. Da Geräusch wird immer gedämpfter. Ich kann fast sagen, wie oft ich mich mit dem Rest noch rasieren kann.

Irgendwie erfrischt mich diese Maske im Gesicht richtig. Beim Einschäumen massiere ich die Haut, sehe zu, dass auch der Hals richtig etwas abbekommt.

Dann nehme ich meinen Rasierapparat.

Lieber Gott, bitte lasse mich mich nicht schneiden. Das kann selbst bei den neuen Klingen passieren. Und hilf

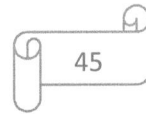

mir zu sehen, dass ich auch alle Ecken finde und meinen Kinn- und Schnurrbart nicht falsch schneide. Ach, den könnte ich auch mal wieder stutzen. Danke, dass Du mich darauf aufmerksam gemacht hast.

Wenn Du bei mir bist, siehst Du mir aus dem Spiegelbild zu oder über die Schulter in den Spiegel. Wie komme ich eigentlich auf den Gedanken? Ganz einfach, ich weiß, dass Du bei mir bist. Immer, alle Tage.

Da unten, da sind noch ein paar Haare. Hast Du das auch bemerkt?

Lieber Gott, jetzt kommt das Schönste. Das kalte Wasser, mit dem ich mir das Gesicht abwasche. Dann bin ich richtig wach.

Tat das gut. Wie schnell doch die Augen wieder normal aussehen. Ich fühle mich frisch und wach. Mit dem Trimmer noch den Bart kürzen und dann die Zähne putzen. Danach muss ich mich sputen, ich bin spät dran.

Lieber Gott, sei Du auch auf der Autofahrt bei mir oder mein Schutzengel.

Ich wünsche Dir einen schönen Tag lieber Gott. Und ärgere Dich nicht so über uns Menschen, wir sind eben so. So, wie Du sie geschaffen hast.

Amen.

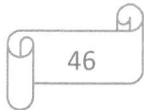

Gebet aus einem Slum – irgendwo auf der Welt

Herr im Himmel, heute wird wieder ein heißer Tag. Die Sonne steht jetzt schon hoch und es ist schwül draußen. Da macht die Arbeit auf der Müllhalde keinen Spaß.

Ach könnte ich doch nur, wie die reicheren Kinder, in eine Schule gehen. Die haben saubere Kleider, bekommen drei Mal am Tag etwas zu essen und haben später einen Beruf.

Gut, den habe ich auch. Mit meinen acht Jahren habe ich es schon zum Vormann bei den Plastiksammlern geschafft. Das war nicht leicht. Ich musste mich durchsetzen. Gegen die anderen Kinder, gegen manche Erwachsene und gegen die großen Vögel.

Wenn ich jetzt gehe, dann finde ich sicher noch eine Menge. Der kleine Junge von nebenan muss mir tragen helfen. Mit seinen fünf Jahren ist der kräftig genug. Neulich habe ich ein paar Schuhe für ihn gefunden. Die waren zwar zu groß, aber mit Papier aufgefüllt passen sie jetzt eben länger.

Um diese Zeit kommen die ersten Müllwagen und da finden wir auch meist unser Frühstück. Es gibt

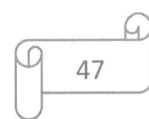

tatsächlich Menschen, die Essen wegwerfen. Ist Dir das klar, lieber Gott. Für meine Schwester halte ich Ausschau nach Stoff oder einem Kleid. Sie ist aus dem alten herausgewachsen. Und wenn sie in der Fabrik arbeiten will, dann muss sie ein Kleid haben. Das wollen die so.

Danke, dass ich gestern so viel Plastik gefunden habe. Ich habe so viel Geld bekommen, dass meine Mutter dafür Essen kaufen konnte. Das kommt nicht immer vor, aber ich kenne es ja nicht anders. Manchmal nehmen mir auch große Jungen mein Sammelgut ab, aber ich weiß mich zu rächen. Ich habe eine Spritze gefunden, damit drohe ich dann. Und davor haben sie Angst. Warum weiß ich auch nicht. Den Trick habe ich von einem anderen Jungen gelernt, der aber von einem LWK überfahren wurde. Er blieb da auf der Halde liegen.

Du fragst sicher woher ich Dich kenne? Von kleinen Bildern, die ich gefunden habe und von meiner Mama, die uns mal in eine Kirche mitgenommen hat. Sie hat mir auch gesagt, dass ich, wenn ihr mal was passiert, zu den Männern gehen könne, die in dieser Kirche arbeiten. Die würden auf mich aufpassen. Aber ich bin ja schon groß, ich passe selbst auf mich auf.

Lieber Gott, danke, dass ich heute gut geschlafen habe. Jetzt muss ich los, sonst sind die anderen Jungen schneller. Mach es gut, ich melde mich mal wieder.

Ach ja, die Mama hat gesagt ich müsse am Ende immer 'Amen' sagen.

Also Amen.

Kopfschmerzgebet

Lieber Gott, heute ist wieder so ein Tag, an dem mich die Kopfschmerzen plagen.

So dumpf ist alles, der Blick nicht klar und auch so fühle ich mich nicht fit.

Liegt es am Wetter? Liegt es daran, dass ich schlecht geschlafen habe?

Vielleicht waren ja die Kopfschmerzen schon im Anflug, wie man so schön sagt.

Lieber Gott, was wollen mir diese Schmerzen signalisieren?

Brüte ich eine Krankheit aus? Soll ich mehr schlafen? Soll ich mein Leben ruhiger gestalten?

Alles Fragen, die mir niemand, außer Dir, beantworten kann.

Am liebsten würde ich mich ins Bett legen, ein Kissen auf dem Kopf, möglichst keine Störung, kein helles Licht mitbekommen, aber das Leben geht ja weiter. Ich habe noch einiges zu tun heute.

Vielleicht habe ich aber auch zu wenig gegessen oder getrunken? Gut, das kann ich nachholen, ob dann wohl die Kopfschmerzen weniger werden.

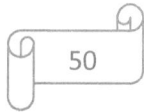

Aber ich will mich auch bedanken, dass ich schon lange keine Kopfschmerzen mehr hatte. Danke dafür.

So, lieber Gott, jetzt lege ich mich aber doch hin.

Amen

Mittagsgebet

Herr, der Tag ist halb vergangen.

Ich habe einen guten Tag gehabt. Dafür danke ich Dir.

Ich danke Dir, dass ich nach einem guten Frühstück eine glückliche Fahrt zur Arbeit hatte. Dass ich Arbeit habe. Dass ich heute gesund bin.

Herr, ich danke Dir, dass ich einem Kollegen helfen konnte. Es war nicht viel, aber es war eine kleine Hilfe.

Jetzt sitze ich hier vor meinem Essen. Es ist wieder einmal viel zu viel, aber der Koch in der Kantine meint es gut mit mir – und ich wundere mich, dass ich wieder einmal schwerer geworden bin. Ich kann kein Essen wegwerfen.

Gib mir lieber weniger und lasse auch die satt werden, die wenig oder nichts haben.

Herr, ich danke Dir und bitte Dich für eine gute zweite Tageshälfte.

Amen.

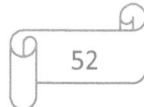

Mittendrin

Die Nacht, oh Herr, wird immer wieder unterbrochen. Heute auch. Es ist 0.49 Uhr.

Nein, nicht der Nacht, aber der Schlaf in der Nacht.

Lieber Gott, woran liegt es, dass ich manche Nächte sehr gut durchschlafe und in anderen immer wieder, fast stündlich wach werde?

Willst Du mir eine Chance geben, noch irgendetwas zu erledigen, was ich im Laufe des Tages vergessen habe?

Willst Du mir die Gelegenheit geben, noch einmal über etwas nachzudenken, was ich im Laufe des Tages abgebrochen habe?

Oder war es nur meine Blase, die mich weckte und drängte?

Herr, ich glaube, Du willst mir Chancen, Gelegenheiten geben, damit ich ruhig weiterschlafen kann.

Dafür danke ich Dir.

Ich danke Dir aber auch für durchgeschlafenen Nächte, für schöne Träume und dass ich ein weiches Bett habe mit sauberem Bettzeug. Das ist nicht selbstverständlich auf der Welt.

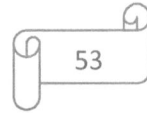

Lieber Herr und Gott, weiterhin Willkommen in meinem Leben. Du bist immer herzlich willkommen. Auch jetzt um 0.54 Uhr.

Amen

Schmerzgebet

Herr, ich habe wieder diese starken Schmerzen.

Ist das eine Strafe, für etwas, was ich früher einmal falsch gemacht habe?

Habe ich nicht schon so viel gebüßt? Musst Du mich auch noch mit diesen Schmerzen strafen?

Ich habe versucht Menschen zu helfen.

Ich habe Menschen zu einer Zukunft verholfen, anderen einen guten Lebensabend geschaffen.

Du aber strafst mich mit dieser Einsamkeit, dem Alleinsein und den Schmerzen.

Herr, ich verstehe Dich nicht.

Ich habe immer an Deine Liebe und Güte geglaubt, habe an die Gnade geglaubt, die Du uns Menschen gewährst, doch mein Glaube daran schwankt, so wie ich körperlich schwanke.

Körperlich und seelisch.

Großer Gott und Lenker, gib mir wieder Standfestigkeit und Halt. Darum bitte ich Dich in meinem Glauben an Dich.

Amen

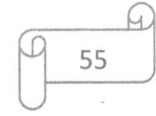

Zukunft

Herr, die Zukunft ist vielversprechend.

Das sagt uns auch die Bibel, das sagen uns die Propheten, die Priester und wir uns oft selbst.

Aber wir leben in der Gegenwart.

Auch wenn sie nur ein kleiner Punkt ist, irgendwo zwischen Vergangenheit und Zukunft, so leben wir doch jetzt in ihr.

Herr, zeige uns doch bitte auch auf, wie sich dieses ‚vielversprechend' auch schon auf die Gegenwart auswirkt.

Lass uns Deine Gnade und Güte auch jetzt schon spüren.

Es gibt immer wieder Momente der Gegenwart, wo wir das brauchen.

Danke, oh Du Gnadenreicher, für schon viele wunderbare Momente, für die Hoffnung auf eine vielversprechende Zukunft, für eine meist gute Vergangenheit.

Amen.

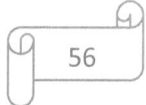

Glücksmomente

Herr,

lasse mich über die Glücksmomente in meinem Leben nicht zu viel nachdenken.

Ich habe doch viel mehr davon, wenn ich sie einfach nur genieße,

mich nicht frage, nach dem Warum und Wieso.

Ich habe doch viel mehr davon, wenn ich sie einfach nur hinnehme,

mir nicht die Mühe mache nach dem Sinn des Moments zu fragen.

Lasse sie mich einfach nur genießen.

Danke und Amen

Malade

Herr, was ist nur los?

Ich habe solche Kopfschmerzen.

Ist es Migräne oder sind es normale Kopfschmerzen,

ich kann es nicht sagen.

Migräne ist doch immer so wie ein Tortenstück
gewesen,

doch dass ist es dieses Mal aber nicht?

Es ist so dumpf?

Herr, warum nur?

Ich habe nicht getrunken,

war nicht lange wach,

habe mich nicht der Völlerei hingegeben.

Herr, wenn es möglich ist, dann nimm mir meine
Kopfschmerzen weg.

Bitte.

Was ist das, noch während ich bete sind sie
verschwunden.

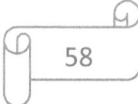

Herr, ich danke Dir.

Wie gnädig bist Du,

wie nah, auch wenn man es direkt nicht sieht.

Dafür, oh Herr, bin ich Dir dankbar.

Amen

Wie schön

Herr,

Du hast den Tag wieder einmal gut vorübergehen lassen.

Jedenfalls gut für mich.

Ich hatte keine Katastrophe. Kein Unglück und auch keine Momente, in denen ich mich nicht gesund fühlte.

Dafür danke ich Dir.

Jeden Tag schlagen weltweit um die 30 Millionen Blitze auf die Erde nieder. Nicht alle erreichen den Boden. Mich hast Du bist jetzt immer vor einem Treffer bewahrt. Dafür danke ich Dir.

Über 2 Millionen Straßenunfälle passieren jährlich in Deutschland. Wie gut, dass ich heute wieder gut durch den Verkehr gekommen bin. Dafür danke ich Dir.

Ungefähr 1,6 Millionen Menschen sind in Deutschland gefährlich unterernährt. Ich bin eher zu dick. Ob ich dafür danken soll, weiß ich auch nicht, denn das gefährdet ja auch meine Gesundheit.

Ich habe aber keine Statistik gefunden, wie viele Menschen jährlich in Deutschland Glück hatten.

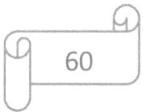

Welches Glück auch immer. Glück und Zufriedenheit lässt sich eben nicht in Zahlen fassen.

Ich war heute mindestens 1 Mal glücklich und dafür danke ich Dir besonders.

Diesen Augenblick will ich auch nicht so schnell vergessen.

Herr, ich danke Dir.

Amen

Der dicke Kopf

Herr, ich danke Dir, dass ich den Abend gestern gut überlebt habe.

Herr, ich danke Dir, dass es so ein großartiger Abend war.

Herr, ich bin Dir dankbar, dass ich so nette Menschen um mich hatte.

Herr, ich bin Dir dankbar, dass ich zwar viel, aber nicht zu viel getrunken habe und jetzt nur einen dicken Kopf, aber kein Gedächtnisverlust habe.

Herr, Du bist großartig, dass Du uns Menschen auch solche Stunden gibst.

Herr, Du bist großartig, dass Du uns die Fähigkeit gibst, sie auch zu genießen.

Herr, ich danke Dir.

Amen

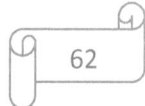

Un....

Herr,

das Ungewohnte macht mich glücklich,

weil es eine Herausforderung an mich und meinen Geist ist.

Herr,

das Ungewöhnlich macht mich glücklich,

weil ich wieder aufmerksam werde, mit den Augen, den Ohren, der Nase und meinem Denken.

Herr,

das Unverhoffte macht mich glücklich,

weil es mich aus dem Alltag, der Routine, der Langeweile reißt.

Aus dem Trott des Lebens.

Herr,

es gibt Menschen, die sagen die Silbe ‚un' macht alles schlecht,

doch bei Ungewohnt, Ungewöhnlich und Unverhofft ist dies nicht der Fall, den sonst ist es wie immer: gewohnt, gewöhnlich, verhofft.

Danke, Herr, dass Du zwei Buchstaben so viele Möglichkeiten gibst.

Ich finde das nicht unmöglich.

Amen.

Zeitanfrage

Herr,

was ist schon Zeit?

Ist es der Blick auf die Uhr,

der zweite Blick - und das zwischen den Blicken?

Herr,

die Gegenwart ist doch im Verhältnis zur
Vergangenheit wieder Zukunft.

genauso wie die Gegenwart der Zukunft gegenüber
schon Vergangenheit ist.

Das ist schwer zu verstehen.

Deshalb sollten wir, wenn wir die Gegenwart erkennen,
ja kennen,

auch die Vergangenheit erkennen, verstehen.

Und wer die Vergangenheit erkennt, verstanden hat,

der mag vielleicht auch schon die Zukunft erkennen,

vielleicht aber sie wenigstens erahnen.

Herr, was ist schon Zeit?

Amen

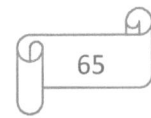

Herr ich danke Dir

Herr, ich danke Dir.

Einfach nur so.

Es gibt keinen besonderen Grund.

Den muss man ja auch nicht immer haben.

Ich will einfach nur sagen:

Herr ich danke Dir.

Amen

Die Gnade des Alters

Lieber Gott,

ich sitze hier in meinem geliebten Lehnstuhl, es ist schönes Wetter, die Dosensuppe war gut und ich habe einen schönen Blick aus meinem Fenster.

Da habe ich wieder einmal Zeit, in der wir uns unterhalten können.

Ich habe so über mein Leben nachgedacht, wie mein Leben so war.

Immer habe ich versucht, Freude zu bereiten. In der Jugend, in der langen Zeit vor dem Alter und auch jetzt und es ist immer wieder etwas Freude zurückgekommen.

Die Art der Freude war unterschiedlich.

Als Kind habe ich andere zum Lachen gebracht, weil ich so tollpatschig war, bis ich richtig laufen konnte. Meine Oma, ich kann mich noch gut an die alte Dame erinnern, sagte mir immer, dass ich dabei immer so ein erstauntes Gesicht gemacht habe, wenn ich wieder einen Schritt geschafft hatte. Alle haben sich gefreut, nur weil ich laufen wollte und dann auch konnte.

Später habe ich dann Bilder gemalt. Für Mami und Papi. Kindlich naive Strichzeichnungen, Gekritzeltes, Blumen. Und wem ich die Bilder auch schenkte, dieser Mensch wurde glücklich. In der Dokumentenmappe meiner Mutter lag solch ein Bild. Hinten stand mein Name drauf und eine Jahreszahl. Ich war vier Jahre alt. Was es genau zeigen sollte, habe ich nie wieder herausgefunden. Es war bunt und voll ausgemalt. Eine Kakofonie von Farben. Neben-, über- und aufeinander.

In der Schule dann habe ich mit meinen Geschichten die Lehrer erfreut. Mit dem einen oder anderen Fach meine Eltern vielleicht weniger. Aber wer braucht Latein, wenn man Fußballprofi werden will? Schon damals war ich der Schwarm älterer Damen, das hat sich bis vor ein paar Jahren auch so gehalten. Heute gibt es keine älteren Damen mehr. Jedenfalls nicht für mich in meinem Alter.

Ich habe Freude gemacht mit meiner Musik, wenn ich mein Cello nahm und spielte. Ach ja, das Cello, es steht neben dem Schrank. Ich höre es manchmal, ohne den Bogen über die Seiten zu streichen. Cello, das war mein Leben. Fußball blieb Träumerei. Mit dem Cello habe ich die Welt bereist, konnte auch dort Menschen Freude machen, die noch nie ein Cello gesehen haben. Ich erinnere mich an die Eingeborenen am Amazonas, als wir mit dem Orchester in Brasilien waren, an die kleinen schwarzbraunen Kinder in Afrika, denen wir

Mozart vorspielten. Mein Lieblingskomponist. Die großen Augen wurden immer größer. Man konnte fast Angst haben, dass sie aus den Köpfen fielen.

Zuletzt habe ich vor fünf Jahren Cello gespielt. Die Finger wollen nicht mehr so. Aber wir unterhalten uns hin und wieder. Mein beliebtes Instrument und ich.

Dann habe ich Freude bringen können, als ich, als Rentner jungen Menschen Unterricht gab. Wer ein Instrument spielt ist Romantiker, Idealist, Träumer. Drei meiner Schüler spielen heute beruflich. Das macht mich glücklich. Gestern hat mich Ingo, mein Gott, der ist auch schön über Fünfzig, zu einem Konzert abgeholt. Mein Anzug war ein wenig zu weit, die Schuhe abgetragen – aber geputzt. Wir sind beide durch den Künstlereingang gegangen. Stolz hat er dem Pförtner gesagt: „Das war mein Meister, der mich zu dem gemacht hat, was ich heute bin. Der hat in allen großen Sälen der Welt gespielt." Ich war verlegen, als der Pförtner lächelte und nickte. „Ich weiß", sagte er. Kannten wir uns?

Lieber Gott, wichtig ist doch die Lebensfreude, dann macht das Altsein auch wieder Spaß. Sag mal, sind die Fensterscheiben trüb, oder sind es meine Augen?

Ach, lieber Gott, ich kann eigentlich ganz zufrieden sein. Die Phasen in denen ich das Unglück auf der Welt verschlafe werden immer länger. Mein Appetit geringer, mein Durst nach Neuigkeiten auch.

Sollte ich einmal sterben, und das werde ich ja wohl müssen, lasse mich diese himmlische Musik hören, von der man spricht. Wenn es Mozart ist, wäre ich Dir nicht böse.

Lass mich bitte die Dinge noch wahrnehmen, die schön sind. Ich brauche keine Kriege, Hungersnöte und Grausamkeiten mehr. Die sehe ich aber immer wieder in den Nachrichten, jeden Abend um acht Uhr. Den Rest des Abends schlafe ich dann vor dem Bildschirm in meinem schönen Lehnstuhl.

Ach, schau mal, da unten auf der Wiese vor meinem Fenster, da lernt ein Kind laufen. Und seine Mutter lacht.

Amen

Letzte Worte

Herr, ich bin bald bei Dir.

Werde ich leiden?

Bin ich allein oder bist wenigstens Du bei mir?

Herr, ich spüre es, ich höre, wie Du mich bei meinem Namen rufst,

Nacht für Nacht, Tag für Tag, Stunde für Stunde.

Herr, ich bitte alle Menschen um Verzeihung, wenn ich Ihnen etwas Schlechtes angetan habe.

Ich wollte nie böse sein, auch wenn ich es mitunter war.

Ich bin nur ein Mensch.

Ich danke allen Menschen die gut zu mir waren.

Gott, schütze alle Menschen, die guten Willens sind.

Und wieder höre ich Deinen Ruf.

Ja, ich komme, auch wenn ich schlecht laufen kann.

Der Weg zu Dir wird leichter werden, denn Du begleitest mich,

leitest mich, stützt mich.

Deine Stimme ist ganz nah, ich höre sie…..

Profan

Herr,

ich habe ganz profane Wünsche,

die ich mir selbst so schwer erfüllen kann.

Wenn es mir nicht so gut geht, dann hätte ich gerne die schönsten Vergnügungen dieser Welt. Ich würde gerne in Gesundheit baden, weder Kopfschmerzen haben, noch altersbedingte Leiden haben, noch Unfälle erleiden. Vielleicht kannst Du mich ein wenig unterstützen.

Ich würde mich auch gerne im Erfolg aalen. Erfolg heißt dann aber noch lange nicht, dass ich Karriere mache, nein, ich möchte nur, dass man merkt, wie ich mir Mühe gebe, meine Aufgaben nach bestem Können zu erledigen. Anerkennung ist doch so einfach, ein kleines Danke genügt. Gib den Menschen, denen ich helfe, doch einmal diesen Gedanken ein.

Ich würde so gerne wieder einmal in Liebe baden. Einen Menschen finden, von dem ich weiß, dass alles was wir uns gegenseitig antun, gut ist. Ohne Hinterlist, ohne Misstrauen, Eifersucht und eventuell späteren Hass.

Ich hätte auch gerne wieder einmal Glück. Und Glück kann auch der freundliche Blick sein, den mir jemand schenkt. Das ist übrigens ein großartiges Geschenk und braucht noch nicht einmal eine Verpackung.

Herr, ich weiß, dass diese Wünsche zwar profan, aber doch so groß sind.

Mein Vertrauen in Dich ist jedenfalls unermesslich.

Danke für alles, was Du bisher für mich getan hast.

Amen

Hallo Gott

Hallo Gott, hier spricht Johannes,

ich lebe hier in der Zeltstadt, die Hilfsorganisationen aufgebaut haben.

Ich weiß nicht, wie lange ich schon hier bin, aber vier Wochen sind es bestimmt.

Danke, dass ich immer wieder etwas zu essen bekomme und mich die eine oder andere Familie hier aufnimmt.

In unserem Dorf ging es immer friedlich zu. Wir haben gut miteinander gelebt. Die Christen und die Moslems. Doch eines Tages ging es los. Da haben sie unseren Priester umgebracht. Einfach so. Sie sind in unsere Hütten und haben sie einfach angezündet. Und alles in Deinem Namen. Wir sind weggelaufen. Meinen Vater traf der Machetenschlag noch vor dem Waldrand, wohin wir alle liefen. Ich sah ihn noch hinfallen, ohne Kopf. Mit mir liefen über hundert Menschen in den Wald. Alles Christen. Die Männer haben versucht uns zu verteidigen, aber trotzdem haben sie es nicht geschafft. Meine Mutter war auf dem Feld, ob sie es geschafft hat zu fliehen, weiß ich nicht, aber sie hatte Josef bei sich, meinen kleinen Bruder und für den hätte sie auch ihr Leben gegeben.

Wieso lieber Gott denke ich gerade jetzt daran? Weil es hier so viele Kinder ohne Eltern gibt?

Unsere Gruppe ist vier Tage und Nächte durch den Wald geirrt. Immer in Angst vor Menschen, nicht vor Tieren. Tiere sind nicht so grausam und rufen dabei auch nicht Deinen Namen. Dann kamen wir an den Fluss. Irgendwer wusste, dass auf der anderen Seite ein Land wäre, in dem kein Mensch verfolgt würde. Aber wie kamen wir über den Fluss. Zusammen haben wir ein Floß gebaut. Die Äste haben wir mit Lianen zusammengebunden. Wir haben es auch geschafft, ohne Verluste. Aber drüben waren wir noch nicht in Sicherheit. Dort gab es Militär. Später haben wir hier im Lager gehört, dass sie andere Flüchtlinge zurückgejagt haben. Zurück in den Tod. Ist das keine Verfolgung?

Nach zwei Tagen kamen wir dann hier in der Lagerstadt an. Hier wurden wir registriert. Vom roten Kreuz. Ich habe gefragt, ob meine Mutter hier wäre, aber sie ist nicht hier.

Hallo Gott, ich bin zehn Jahre alt. In den letzten Wochen habe ich mehr erlebt, als in den zehn Jahren vorher. Diebstahl, Vergewaltigung, Morde und oft nur für ein Stück Brot. Außer meiner kurzen Hose und ein altes T-Shirt habe ich nichts. Mir kann man nichts wegnehmen. Einmal am Tag bekomme ich eine warme

Suppe vom Roten Kreuz. Wenn ich kann helfe ich aufräumen, dabei suche ich auch immer nach Resten. Ich habe einen Löffel gefunden, aber den hat mir ein anderer Junge abgenommen.

Hallo Gott, es heißt doch die Zukunft liegt vor uns. Das hat der Priester immer gesagt und am Ende wären wir dann bei Dir. Wie viele Wälder und Lager liegen denn noch zwischen Dir und mir? Und wenn den Toten zu Dir kommen, dann achte Mal auf meine Eltern und meinen Bruder. Sie sehen so aus wie ich. Oder gibt es bei Dir auch Zeltlager? Haben die Priester Vorrang oder sind bei Dir alle Toten gleich? Hier gibt es auch ein Zelt von der Kirche. Aber die sind irgendwie anders. Ich weiß nur, dass das Kreuz zeigt, dass sie auch Christen sind. Da sind auch Frauen in weißen Kleidern, die kümmern sich um die kleinen Kinder, die sich nicht alleine helfen können. Aber ab fünf Jahre arbeiten wir alle hier irgendwie. Wir entsorgen den Müll. Helfen den Männern von den Hilfsdiensten oder holen Wasser. Ein großer Mensch muss immer im Zelt bleiben, sonst werden unsere Dinge gestohlen. Ich traue mich das nicht, dann meine Mama hat mir gesagt, Du siehst all die bösen Sachen. Da hast Du ganz schön zu tun.

Hallo Gott, ich muss jetzt wieder zu den Helfern. Für das Essen steht man lange an und ich freue mich schon auf die Suppe. Hoffentlich finde ich bald ein neues Zuhause, sonst muss ich mir mein Geld auf der Straße verdienen. Das geht auch. Ich werde ja größer und stärker.

Es grüßt Dich Dein Johannes.

Amen

Frühlingserwachen

Herr, Du schenkst uns die Frühlingssonne,

Du schenkst uns damit auch die Sonne ins Herz,

Du lässt uns wieder froh sein.

Danke Herr, dass ich meine Winterdepression so gut überwunden habe

Danke Herr, dass ich beim Schnee schaufeln mich nicht erkältet habe

Du hältst Deine Hand über mich.

Dir, mein Gott will ich meine heute meine Gedanken widmen,

versuchen zu sehen, wo Du überall bist.

Mir Mühe geben, Dich zu spüren.

Denn ich weiß, wo Frühling ist,

da bist auch Du. Da spielst Du mit Deinem Malkasten

auf den Blumen, da komponierst Du neue Düfte,

da hast Du auch Freude an unserer Welt,

die Dir leider nicht immer dankbar ist.

Ich bin es heute.

Amen

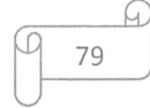

Ohne Eile

Herr, ich hatte wieder Stress. Ich weiß, Stress macht man sich selbst, gut dann sagen wir einfach: ich hatte viel zu tun.

Jetzt suche ich nach Ruhe.

Ruhe, die ich mit vollem Herzen genieße, in der ich kein Ziel verfolge, welches ich mir selbst setze oder gesetzt bekomme.

Ruhe, die keine Eile hat, keine Eile kennt, sondern einfach da ist, das bietet, was das Wort verspricht Ruhe.

Aber keine absolute Ruhe. Vogelgezwitscher, Wind und das Rauschen der Natur dürfen mich entspannen.

Ruhe, die sich nicht lohnen muss, die einfach nur da ist. Für mich, meinen Geist und als Straße zu Dir, als Gedankenstrahl, als Ruhekissen.

Dann kann das Leben wieder weitergehen.

Amen

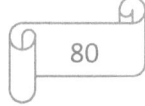

Gegeben – nicht um zu nehmen

Herr verzeih mir die Gedanken, die mich beschäftigt haben.

Die Gedanken allem ein Ende zu setzen.

Aber die Schmerzen, die Du mir geschickt hast, waren zu stark.

Wie sollte ich das denn aushalten?

Wie sollte ich all das Wissen, das Halbwissen, das Erahnte auf die Seite schieben? Das geht nicht.

Ich habe es kaum noch ausgehalten, ich wollte ein Ende.

Aber nur ein Ende der Schmerzen. Es ging einfach nicht mehr.

Wegen diesen Schmerzen, die ja auch im Geist vor sich gehen, ein Ende zu machen, gibt es viele. Sie scheinen auch einfach, liegen nah und sind schnell gegangen. Ob ich allerdings weit auf dem Weg der Schmerzlosigkeit komme, weiß ich nicht.

Ich habe gebetet, dass meine Diagnose nicht stimmt.

Ich habe gehofft und Du hast geholfen.

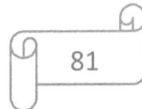

Denn gerade als ich kurz vor dem letzten Schritt war,
da hast Du mir die Erinnerung an einen Satz geschickt,
den mein Vater einmal sagte:

Der Herr hat das Leben gegeben, da darf man es sich
nicht selbst nehmen.

Amen

Feinde?

Herr, mein Gott,

habe ich eigentlich Feinde?

Ich hoffe doch nicht.

Vielleicht gibt es Menschen, die mich nicht mögen,

Menschen, denen ich nicht sympathisch bin,

Menschen, die mich nicht in ihrer Nähe haben wollen.

Herr, gib mir die Kraft diesen Menschen zu zeigen, dass ich auch nur so bin wie jeder andere Mensch – eben ein Mensch.

Herr, gib ihnen die Kraft zu erkennen, dass auch ich meine guten Seiten habe, Seiten, die man mögen und lieben mag.

Dafür, Herr, wäre ich Dir so unsagbar dankbar.

Ich weiß auch Herr, dass diese Bitte sehr groß ist,

trotzdem bitte ich darum.

Zu wissen, dass man nicht gemocht wird,

unsympathisch ist und jemand einen nicht in seiner Nähe haben will

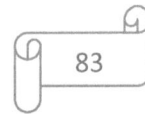

ist nicht gut – das macht einsam.

Hast Du nicht gesagt: „Es ist nicht gut, dass der Mensch alleine ist."

Deshalb nehme ich Dich beim Wort, so wie Du mich bei meinem Wort nimmst, wenn Du sagst: „Liebe Deinen Nächsten, wie Du willst, dass man Dich liebt."

Herr, sei meiner Bitte gnädig."

Amen

Zwei Wünsche

Herr, neulich habe ich gelesen, dass die Menschen im Grunde genommen nur zwei Wünsche haben: alt zu werden und dabei jung zu bleiben.

Ob das so stimmt?

Vielleicht sollte ich mir einmal Gedanken darüber machen.

Alt werden ist schön, alt sein weniger. Alt sein ist sicher anstrengender als jung sein. Körperlich wenigstens. Wenn man alt ist, macht man die Dummheiten der Jugend nicht mehr, weiß aber auch, dass alles einmal ein Ende hat.

Alt an Erfahrungen werden, in die Sammlung der Glücksmomente greifen können. Alt sein ist doch auch schön.

Jung sein ist sicher in vielen Dingen leichter. Man ist beweglicher. Unbeschwerter. Man erlebt viele Dinge das erste Mal.

Aber die Erfahrung fehlt. Die bringt erst das Alter. Das Abgeklärt sein, das bringen erst die vielen Jahre.

Im Herzen jung sein, im Geiste jung sein, dass kann man auch im Alter.

Amen

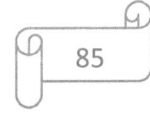

Gebet eines Hundertjährigen

Herr im Himmel,

Alt zu werden ist wahrlich kein wirkliches Vergnügen.

Mutig ist es auch nicht, denn ist muss ja nicht darum kämpfen.

Vielleicht erfordert es Mut, sich immer wieder aufzuraffen,

auch mal wieder Dinge zu machen, die vergessen scheinen,

aber effektiv noch da sind.

Lieber Gott,

vielleicht werde ich auch nur so alt, weil Du mich nicht willst.

Ich nörgele ja oft herum, auch an Dir. Ich weiß, aber das ist doch ein Privileg des Alters.

Ich will auch dankbar sein, denn heute kommt mal wieder Besuch.

Es war sogar jemand da, der mein Zimmer aufgeräumt hat.

Wegen des Fotografens der Bilder macht.

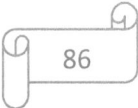

Ich habe mir auch meine Krawatte umgebunden.

Weißt Du,

ich würde ja gerne der netten, kleinen Pflegekraft mal ein Küsschen geben.

Ob ich die Gelegenheit des Geburtstages nutze.

Da nimmt niemand einem solch ein Kuss übel.

Herr, Alt werden ist wahrlich kein wirkliches Vergnügen.

Aber wenn ich an die Einzige wirklich Alternative denke, den Tod,

dann werde ich lieber noch älter.

Danke und Amen.

Ich höre sie schon singen und kommen.

Zukunftsgedanken

Herr, die Zukunft hat so viele Bedeutungen.

Der Zweifler, der Schwache, der Zauderer hält sie für unerreichbar.

Die Ängstlichen, die Nichttrauer, die Zögerer finden sie unbekannt.

Für den Mutigen, den Entdecker, den Beherzten ist es eine Chance.

Wie schaffst Du des immer wieder, das Richtige für jeden Menschen zu finden?

Für mich ist Zukunft das Schöne, das noch Unverdorbene, das Erstrebenswerte.

Danke, dass Du uns in jedem Moment Zukunft schenkst.

Amen

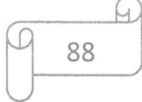

Mutterglück

Lieber Gott,

vor einer halben Stunde bin ich Mutter geworden.

Es ist alles gut gegangen. Danke dafür.

Zwischendurch habe ich immer wieder geschrien zu Dir, warum es so schmerzt, warum es so weh tut und warum es so lange dauert. Ich habe gedacht es zerreißt mich. Selbst mein Mann konnte mir nicht helfen. Als es dann endlich soweit war, ging der Schmerz in Glück über.

Ich bekam meinen Sohn, den kleinen Finn, in den Arm gelegt. Dieses kleine verschmierte Etwas, leicht blau angelaufen und irgendwie verknautscht.

Warum fiel mir der Spruch von Churchill ein: „Alle Neugeborenen sehen mir ähnlich." Ich musste lächeln. Vor Freude, aus Liebe und bei dem Gedanken, dass dieses kleine Menschlein mit einer Zigarre im Mund dalag.

Herr, Du hast ein Wunder geschaffen. Dieses vollkommene Wesen, bei dem alles dran ist, alles im Miniformat. Vor wenigen Minuten noch konnte ich nur ahnen, wie es wohl aussehen würde und jetzt kommt es mit so vor, als würde ich das Gesicht schon so lange kennen. Neben mir sitzt mein Mann. Völlig erschöpft, aber mindestens genauso glücklich wie ich. Er sagt immer: „Ach, schau mal. Ist das nicht niedlich. Unser Kind, unser Finn." Ich weiß wie es kommen wird. Wenn er lieb ist, dann ist er ‚unser' Kind, wenn er schreit, dann ist es ‚dein' Kind und wenn er anderen den kleinen Finn vorführt, dann ist es ‚mein' Kind.

Ja lieber Gott, jetzt habe ich wohl zwei Kinder. Meinen Mann und Finn. Auch dafür danke ich Dir. Diese kleinen Finger, wie perfekt und sie versuchen schon zu greifen. Sogar kleine Fingernägel sind dran. Ob ich die wohl jemals schneiden kann. Ich freue mich so über dieses kleine Naturwunder. Die Hebamme hat mir sehr geholfen. Dafür möchte ich mich auch bei Dir bedanken, dass Du mir solch einen einfühlsamen, aber doch resoluten Menschen an die Seite gegeben hast. Sie hat dieses nette Lächeln, welches so guttut, wenn man es braucht.

Lieber Gott, ich bitte Dich um eine gute Zukunft für den kleinen Finn und danke Dir, dass ich den Schmerz schon fast vergessen habe. Diesen Schmerz, von dem ich eben noch annahm, dass er mich zerreißen würde. Schau Dir nur diesen kleinen Mund an. Wie niedlich er ist. Danke lieber Gott, ich bin ja so glücklich.

Amen

All

Die Sterne fliegen, wie der Staub im Zimmer, durch das All,

nichts kann dieses himmlische Uhrwerk stoppen.

Herr, lass uns Menschen nicht in den Wahnsinn verfallen,

dass wir in Dein Räderwerk eingreifen könnten,

ohne, dass wir uns selbst dafür strafen.

Du hast Dir wohl überlegt, warum das All so ist, wie es ist,

warum wir als Nutznießer die Erde bevölkern,

warum der Mars zu kalt und die Venus zu heiß für uns sind.

Du hast Sonne und Sterne, Mond und Erde an den Himmel gesetzt.

Wir haben Fernrohre gebaut und das Ende nicht gefunden,

wir haben Raketen hinaus in das All geschickt und das Ende nicht gefunden,

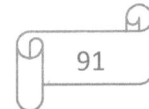

wir haben festgestellt, dass hinter unserem Ende noch viel mehr ist.

Jeder Physiker kann das erklären.

Lieber Gott, ich möchte es gar nicht begreifen, dass es hinter dem All, welches für mich alles bedeutet, noch etwas gibt.

Für mich bist Du das All, das Alles, das Vollkommene,

nicht wir kleinen Menschen, die es nur auf dem Planeten Erde gibt.

Du hast die Planeten so aufgehängt, dass Jupiter uns vor großen Schäden beschützt, dass die Sonne uns Kraft gibt und der Mond Ebbe und Flut regelt.

Wer, außer Dir könnte sich dieses alles ausdenken.

Dafür sollten wir dankbar sein.

Herr, mein Gott und Lebensleiter, ich danke Dir.

Amen

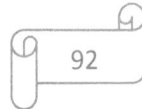

Herr, ich bin satt

Herr ich danke Dir.

Eben habe ich gegessen.

Nicht zu viel, denn ich muss ja abnehmen.

Aber es war gut.

Und frisch. Darauf habe ich geachtet.

Ich habe auch in Ruhe gegessen,

dabei nachgedacht.

Nicht über die Dinge, die mich am heutigen Tag
beschäftigen.

Ich habe über Dich nachgedacht und mich gefreut,
dass Du mir beistehst.

Auch wenn ich allein bin, bist Du bei mir. In mir.

Wenn ich die Familie um mich habe, dann vergessen
wir Dich leichter.

Nimm uns das nicht übel.

Aber wenn ich allein bin, dann denke ich oft an Dich.

Stumm, manchmal auch flüsternd – aber nie laut.

Wieso traue ich mich das nicht, ich bin doch allein.

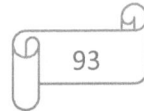

In der Kirche bete ich das „Vater unser" doch auch laut.

Ich bleibe aber bei meiner Methode. Ich bete stumm oder flüsternd zu Dir.

Herr ich danke Dir, denn ich bin satt.

Amen

Proportionen

Herr,

es ist so schwer, sich richtig zu sehen.

Bin ich ein feinfühliges Leberblümchen oder ein rauer
Strauch im Hochgebirge.

Bin ich lieber ein junger Maikäfer im Sonnenschein
der kräftigen Frühlingssonne

oder ein alter Paradiesvogel im Regen des Urwaldes?

Herr,

es ist so schwer sich richtig einzuordnen.

Bin ich ein Diamant, strahlend und wertvoll, aber von
Menschenhand bearbeitet.

Bin ich die Statue in Beton gegossen, kunstvoll, aber
künstlich

oder bin ich lieber ein formschöner Kiesel, dem die
Natur die Kanten abgeschliffen hat?

Herr,

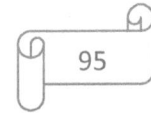

es ist so schwer sich richtig zu fühlen.

Bin ich leichtgläubig wie die Masse und lasse mich so führen. leiten, verführen.

Bin ich lieber der Mitläufer, der auch mal widerspricht, sich aber sonst anpasst

oder bin ich der Rebell, bewundert, befürchtet, in und out?

Herr,

die richtigen Proportionen zu finden ist so schwer,

ob in der Größe, dem Aussehen, der Form, dem Willen.

Danke, dass ich so bin, wie ich bin.

Amen

Gewohnheitssache

Herr, warum ist es so schwer sich an bestimmte Dinge zu gewöhnen?

An das Alter zum Beispiel.

Früher war mir das gar nicht bewusst.

Im ersten Jahrzehnt war jedes Jahr hundert Jahre lang.

Im zweiten Jahrzehnt dann waren es nur noch zehn Jahre pro Jahr.

Es war eine tolle Zeit. Eigentlich wie jede Dekade.

Im dritten Jahrzehnt waren es, wie im vierten immer noch zehn Jahre.

Es gab so viel zu erleben, verarbeiten, zu bestehen.

Mit dem fünften Jahrzehnt ging es schon schneller. Da wurden die Jahre kürzer. Nicht viel, aber kürzer. Vielleicht so auf fünf Jahre pro Jahr.

Mit dem sechsten Zehnerpack relativiert es sich auf die reale Zeit.

Mit siebzig wird es sicher noch schneller gehen – wie schnell doch die Zeit vergeht

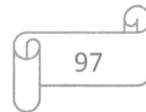

und dann kommt einem alles so vor, als sei morgen schon gestern gewesen.

Herr, Du verstehst es, die Zeit so zu messen, wie es in Deinem Ermessen liegt.

Wie gut, dass wir das nicht ändern können.

Amen

Gebet eines Schwerkranken

Wann, oh Herr, erlöst Du mich?

Ich liege hier, mein Rücken ist wund und ich falle anderen Menschen zu Last.

Seit Monaten kann und will ich nicht mehr.

Ich spüre doch, dass die Sanduhr durchgelaufen ist. Ja, sie ist abgelaufen.

Ich spüre doch, dass jeder darauf wartet, dass ich zu Dir komme.

Ist das noch Leben?

Kann das wirklich Dein Wille sein?

Meine Krankheit ist nicht mehr heilbar. Ich weiß das.

Schmerzmittel beseitigen doch nicht den Herd der Krankheit.

Die Ärzte haben diesen Blick drauf, der mir alles sagt.

Die Schwestern kümmern sich so um mich, dass ich spüren muss, ich sterbe bald.

Meine Familie erzählt mir nur noch die positiven Dinge aus dem Alltag.

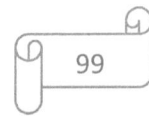

Ich habe so viele Jahre auf meinem Buckel, dass ich weiß, dass das Leben nicht nur positiv ist.

Herr, wann erlöst du mich?

Amen

Gebet einer Mutter

Lieber Gott, jetzt bin ich endlich auch im Bett.

Das war heute wieder ein heißer Tag. Danke, dass ich ihn überstanden habe.

Es fing schon damit an, dass der Jüngste Fieber hatte. Sorgen vor dem Frühstück sind nicht so wahnsinnig prickelnd. Trösten, Fieber messen, kalte Umschläge. Dazwischen den Ältesten wecken, der noch in die Schule musste. Keine Haferflocken mehr da. Das ist die nächste Katastrophe. Erkläre Du mal einem Sechsjährigen, dass das schon mal passieren kann. Bei unserem Sohn hast selbst Du da Probleme.

Mein Mann kleckert sich Marmelade auf die beste Krawatte. Ausgerechnet heute, wo er die wichtige Präsentation hat. Andere Krawatte suchen. Mann trösten. Toast für den Sechsjährigen machen, mit Schokolade drauf. Kurz nach dem Kleinen schauen und den Kaffee für den Ehemann machen. Und das alles in 20 Minuten. Das fordert Organisationstalent.

Gut, dass ich heute frei habe. Mein Halbtagsjob in der Agentur stresst auch, aber wir brauchen das Geld. Hausabzahlung und zwei Kinder kosten Geld.

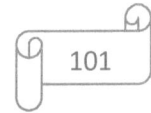

Dann wieder rauf zum Kleinen. Der schläft und schwitzt. Ob ich zum Arzt muss, denke ich mir? Aber ich warte erst einmal ab. Gehe wieder nach unten und trinke selbst einen Kaffee.

Wie die Wohnung schon wieder aussieht. Die Sonne zeigt mir jede Staubschicht. Lieber Gott, polierte Möbel sind nicht so schön, wie man beim Kauf denkt. Der Abwasch wird mit den Gedanken gemacht, was ich alles heute an meinem freien Tag erledigen will. Möbelpolitur und Haferflocken. Ich schreibe es auf meinen Einkaufszettel, der schon ziemlich voll ist. Mein Mann hat Sherry drauf geschrieben. Sherry? Warum, den trinken wir doch gar nicht. Ich kann ihn aber nicht anrufen, wegen der Präsentation. Ich mache erst einmal die Betten. Wenn ich schon dabei bin, dann kann die das vom Ältesten wieder neu beziehen. Mit FC-Wäsche. Ohne ist uncool und er kann nicht einschlafen. Der Hennes muss aufs Kissen. Das ist wichtig.

Der Jüngste ruft. Er hat Durst. Kakao mit Schokostreusseln. Soll er kriegen. Essen will er nicht.

Kann ich ihn allein lassen, wenn ich einkaufen fahre, oder nehme ich ihn mit? Ich frage ihn. Er will im Bett bleiben. Sein Schmusetuch wandert mit in die Wäsche. Er bekommt seinen Teddy als Ersatz.

Durch den Laden gehetzt, beinahe hätte ich die Haferflocken vergessen. Auf dem Rückweg Frau

Rüttenscheidt getroffen. Sie lebt in Scheidung und musste mir das Neueste erzählen.

Zuhause habe ich dann die Wohnung gesaugt und die Küche gewischt. Danach gleich Nüdelchen gekocht, für die Kinder. Ich esse nur einen Apfel, weil ich heute Abend ja warm esse. Mit Mann und Kindern. Dem Jüngsten geht es besser. Er will spielen, soll aber im Bett bleiben. Löse das Problem mal. Ist nicht so einfach. Nach Diskussionen mache ich ihm ein Bett auf dem Sofa. Da ist er bei mir, kann sich eine CD ansehen. Das darf er sonst nicht in der Woche. Aber er ist doch krank. Während ich alles über Einhörner erfahre bügele ich. Frau Rüttenscheidt ruft an und fragt, ob ich eine Saftpresse habe. Ich frage warum? Sie will ihrem Mann das Herz herausschneiden und auspressen. Dafür gebe ich die Saftpresse nicht her. Also Trost gespendet. Schnell einen Tee getrunken und Abendessen vorbereitet.

Der Älteste ist inzwischen auch aus der Schule gekommen. Er hatte Sport und erklärt mir ausführlich den Felgaufschwung am Reck. Den mochte ich nie. Ich höre aber interessiert zu. Dabei macht er Schulaufgaben. Ich korrigiere die Rechtschreibung, obgleich die Lehrerin das nicht will. Ich will aber.

Der Braten riecht gut. Das Gemüse ist auch schon gut. Bald kommt mein Mann. Den Kurzen wieder nach oben gebracht. Das Sofa gerichtet, die Klebereste vom Ältesten auf dem Esszimmertisch entfernt und den Tisch gedeckt.

Mein Mann kommt, ist müde. Die Präsentation ist gut gelaufen. Ich gratuliere. Wir essen. Der Kurze fragt nach dem Schmusetuch. Er ist wieder gesund.

Ich frage meinen Mann nach dem Sherry. Er weiß nicht mehr, warum er es aufgeschrieben hat. Wir haben jetzt Sherry, den niemand trinkt. Na ja, vielleicht der nächste Besuch, oder Frau Rütterscheidt zum Trost.

Der Älteste will noch lesen. Soll er doch. Lesen ist gut gegen Dummheit. Dann hat mein Bester noch einen Film ausgesucht. Action pur. Ich frage mich, wer diese Wohnungen aufräumt, wenn da alles zerschossen und zertrümmert wird. Mein Bester schüttelt den Kopf. Das muss so sein. Action in Schöner Wohnen gibt es nicht.

Jetzt liege ich im Bett. Bin müde. Habe ich das Bügeleisen rausgezogen?

Habe ich. Als ich wieder ins Schlafzimmer komme, schläft mein Bester schon, der Kurze liegt neben ihm und schnarcht.

Gute Nacht lieber Gott. Danke für einen ganz normalen Tag. Amen

Morgengedanken einer Bäckereifachverkäuferin

Lieber Gott, heute wird es schön.

Morgenrot am Himmel. Da sagt man doch, dass das Wetter schön wird.

Eben habe ich alle Kisten geleert und die ersten frischen Brötchen aus dem Ofen geholt. Die Tische sind sauber, es ist alles aufgefüllt, Zucker und Milch und es ist Zeit aufzuschließen.

Hoffentlich ist viel zu tun. Wenn nicht viel zu tun ist, wird es langweilig und die Zeit geht nicht rum.

Was muss ich jetzt noch machen? Die Kaffeemaschine läuft, die Teilchen und Kuchenstücke sehen prima aus. Ich muss noch belegte Brötchen schmieren.

Der erste Kunde. Viele Kunden kenne ich. Ich weiß, was sie wollen. Wie sie heißen weiß ich allerdings nicht.

Der erste Kunde steht jeden Morgen vor der Türe. Wartet brav. Es ist ein Rentner, steht aber immer früh auf. Er nimmt immer zwei Brötchen, ein normales und ein Mohnbrötchen. Dazu eine Zeitung. Das Geld hat er in seiner Geldbörse. Da sucht er dann. Aber noch ist es ja nicht voll. Das wird erst so in einer halben Stunde so

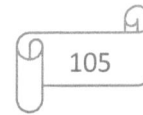

werden. Bis dahin muss ich die Brötchen geschmiert haben.

Lieber Gott, ich mache die wirklich mit viel Liebe und trotzdem gibt es Kunden, die sich beschweren. Nur weil ich keine Leberwurst habe. Habe ich Leberwurst wollen sie Hüttenkäse. Diese Kunden darfst Du mir ruhig ersparen.

Gleich kommen auch wieder die zwei Nussecken. Das ist ein Handwerker, der nimmt immer zwei Nussecken. Dabei haben wir so eine große Auswahl.

Und dieser Lehrer kommt auch gleich. Ein Puddingteilchen und einen großen Kaffee zum hier essen und trinken und zwei Rosinenbrötchen zum Mitnehmen. Der quatscht immer die ganze Zeit. Dabei kann der in der Schule doch bestimmt viel reden.

Wo sind denn die Schokohörnchen. Haben die die in der Backstube vergessen?

Nein, sie sind in der untersten Kiste.

Da kommt ja auch die Mutter mit dem dicken Jungen. Immer das gleiche. Sie stehen vor der Theke und überlegen und dann nimmt er ein Schokohörnchen und ein Puddingteilchen. Einzeln verpacken bitte. Das stopft er dann in seinen Rucksack.

Ob der Mann vom Finanzamt kommt. Der sieht jedenfalls so aus, als wäre er beim Finanzamt. Drei Reibrötchen, bitte. Das Geld hält er abgezählt in der Hand. So, die Brötchen sind geschmiert. Die zweite Ladung Brötchen kommt aus dem Ofen.

Ach, das Maisbaguette kommt auch mal wieder. Ein netter junger Mann und ein Kaffee to go. Der Kollege muss immer überlegen.

Lieber Gott, eben waren die geknubbelt da. Jetzt muss ich wieder Brötchen schmieren. Ganz schön stressig. Aber auch gut. Ich mache das ja gerne. Die junge Mutter mit den zweimal Rei-, ein normales und ein Mohnbrötchen habe ich schon lange nicht mehr gesehen. Was die wohl macht?

Lieber Gott, es ist doch schön, dass wir alle genug zu essen haben. Unser tägliches Brot, wie wir auch beten. Ich mag es auch zu verkaufen. Und wenn mal einer meckert, dann muss ich das eben hinnehmen. Ich gebe mir Mühe, denn mit Liebe und Freude verkaufen, macht richtig Spaß.

Ach ja, bring doch den Menschen bei, dass Brot von Gestern nicht weggeworfen werden muss. Es kostet die Hälfte und ist immer noch so gut wie gestern. Brot wegwerfen ist mit die größte Sünde, weil so viele Menschen hungern. Amen

Ich verstehe Dich nicht, oh Herr.

Ich ließ zur Vesperzeit mich still auf dem Gestühl nieder, die große Kapelle, oder war es eine kleine Kirche, wirkte auf mich ein. Mit Licht und Schatten, mit seiner Stille.

In meinem inneren Ohr hörte ich Bach. Air, fast fünf Minuten lang. Es ist gerade lang genug, um sich Gedanken zu machen. Gedanken über Dich oh, Herr.

„Ich verstehe Dich manchmal nicht, Herr. Ich weiß auch nicht, ob ich das unbedingt immer muss, aber manchmal frage ich mich, wo Du gerade mit Deinem Tun und Handeln warst bei der Schöpfung. Es muss schon sehr belastend gewesen sein, alles in so kurzer Zeit zu schaffen. Aber manche Dinge sind doch nicht nötig gewesen. Selbst wenn ich versuche, es aus der Zeit heraus zu verstehen. Mücken zum Beispiel, die Krankheitserreger übertragen, die dann stechen, wenn man es am wenigsten will, nämlich in der Erholungsphase. Und oft schlägt man sie dabei sogar noch tot. Verstößt gegen das Gebot nicht zu töten. Die Schnaken waren sicher in dem Brackwasser, sonst hätte Noah sie nicht in die Arche gelassen, da bin ich mir sicher. Oder Kopf, Hals und Bauchschmerzen. Wozu sollen die gut sein, wenn es nur harmlose Dinge sind, die wir dann haben. Bei richtigen Krankheiten, gut, da sollen sie uns darauf hinweisen uns untersuchen zu lassen. Oder Schluckauf. Ich habe immer Bedenken Schluckauf zu bekommen, wenn ich die Lesung halte. Sicher würden dann einige Leute lachen, aber ich fände es grauenvoll. Warum müssen kleine Kinder, die gerade geboren wurden, den plötzlichen Kindstod sterben? Sie sind doch so unschuldig, wie kleine Kinder es nur seien können. Da frage ich mich oft, was Du Dir dabei gedacht hast.

Ich habe ja Vertrauen in Dich, sonst würde ich ja auch nicht in dem vertrauten Du mit Dir sprechen. Nur für solche Dinge habe ich kein Verständnis. Oder warum muss ich mich verfahren, wenn ich dringend irgendwo hinwill. Da heißt es, kein Spatz fällt vom Dach ohne Gottes Willen und mir machen die Vögel auf das frisch gewaschene Auto. Übrigens immer nur dann, wenn es frisch gewaschen ist.

Vielleicht sind das ja auch nur kleine Dinge, die Dir einfach durchgegangen sind. Bei der Menge Arbeit kein Wunder. Nobody is perfect. Na ja, außer Dir. Aber sind Vogelmist und Mückenstiche perfekt? Ich freue mich aber über all die anderen Dinge, die Dir so gut gelungen sind. Zum Beispiel, dass ich auf dem einzigen Planeten unseres Sonnensystems leben darf, auf dem es Lakritz und Schokolade gibt. Das meine Schmerzen in den Beinen auch immer wieder nachlassen, obgleich ich mich gleichzeitig frage, warum habe ich sie. Ich bin dankbar für liebe Menschen, frage mich aber, warum es Einsamkeit gibt. Lieber Gott, ich glaube an Dich und glaube auch, dass ich wirklich nicht alles verstehen muss und kann.

Oh, mein Air ist zu Ende. Ich muss weiterarbeiten. Die Vesperzeit ist zu Ende.

Danke Dir, oh Herr. Amen."

Gebet für einen Bruder

Herr, Du hast meinen Bruder zu Dir genommen.

Warum frage ich mich?

War seine Zeit wirklich abgelaufen? Mit 69 Jahren?

War sein Lebensfaden abgespult?

Brauchte ihn nicht noch jemand?

Der Tod seiner Frau hat ihm das Herz gebrochen.

Vielleicht musste er wieder mit ihr vereint sein.

Du hast mir einen Bruder genommen, aber einen Schutzengel geschaffen.

Erkenne seine guten Taten im Leben.

Es waren sicher viele kleine Dinge, die er machte, die anderen geholfen haben.

Sein Lachen, ja selbst sein manchmal naives Verhalten. Das machte ihn aus.

So liebten ihn die Menschen.

Er hat seine Familie geliebt. Auch die über die Welt verstreute.

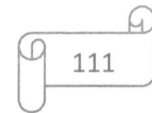

Jetzt hast Du ihn zu Dir geholt.

Ich bitte Dich, nimm sich seiner an. Umarme ihn.

Ich vermisse ihn.

Amen

Ich bin eben so

Ich bin wie ich bin –

und das ist gut so.

Ich bin eben so –

und das ist gut so.

Und wenn ich anders sein müsste,

dann, lieber Gott, hättest Du mich sicher anders
gemacht.

Danke, dass ich eben so bin, wie ich eben bin.

Amen

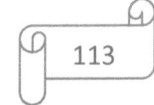

Gewittergebet

Lieber Gott,

heute habe ich wieder einmal ein Gewitter erlebt.

Warum schleuderst Du solche Kräfte auf die Erde?

Ich kann die Kulturen verstehen, die daran glaubten,

dass die Götter die Blitze und den Donner auf die Welt schleuderten.

Erst habe ich es nur in der Ferne gesehen.

Ein Erlebnis erster Güte.

Dann kam es näher.

Ich saß im Auto und hoffte, dass es stimmt, dass mir dort nichts passieren kann.

Und dann war es um mich. Ich fühlte mich mittendrin.

Eigentlich habe ich keine Angst bei Gewitter, hier aber habe ich immer gezuckt.

Mit kam es immer so vor, als ob die Blitze überall waren.

Die Donnerschläge spürte ich körperlich.

Nach einem Knall, der mir sehr, sehr nah schien, war es vorbei.

Der Himmel riss wieder auf und nach wenigen Minuten war er blau.

Es war so, als sei die halbe Stunde vorher nichts gewesen.

Was bezweckst Du damit, lieber Gott?

Amen

Fallschirme

Herr im Himmel,

Schöpfer unserer Natur,

heute war ein schöner Tag.

Ich habe Blumen gesehen, die mir völlig fremd waren.

Wie kleine … , tja, ich kann sie kaum beschreiben,

wie kleine Fallschirme hingen sie am Blütenstiel.

Zartrosa, klein – mir eben unbekannt.

Ich bin am Wegrand stehen geblieben und habe mich an dem Anblick erfreut.

Meine Seele konnte wieder auftanken.

Mir ging es gut.

Dafür danke ich Dir.

Amen

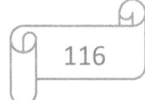

Gesündigt

Herr, können sich Sünden ändern?

Früher war es eine Sünde, wenn man die Tochter des Nachbarn verführt hatte,

heute ist es eine Sünde, wenn man ein Stück Kuchen zu viel gegessen hat.

Früher war es eine Sünde, wenn man etwas gestohlen hat,

heute lassen wir uns beraten, wie wir unser Geld anlegen sollen und merken nicht, wie wir bestohlen werden oder stehlen.

Früher war es eine Sünde, wenn man Vater und Mutter nicht ehrte.

Heute schieben wir sie in Heime ab, weil sie stören, zu viel Arbeit machen, lästig sind.

Früher war es eine Sünde, wenn wir falsch Zeugnis redeten über unseren Nächsten.

Heute erzählen wir Geschichten über andere, nur um selbst interessant zu erscheinen und merken nicht, dass wir dem anderen vielleicht schaden.

Mein Gott, wie oft habe ich schon gesündigt und bin es mir nicht bewusst geworden.

Dennoch hoffe ich, dass Du einem reuigen Sünder verzeihen kannst. Du kannst es, die Menschen können es immer weniger.

Wir sich die Zeiten ändern.

Amen

Anders eben

Herr, ich bin anders.

Ich denke anders.

Ich schreibe und ich spreche anders. Bin eben anders.

> Und mir macht es Freude, denn
> ich wecke Menschen auf zu
> denken.

Die einen bleiben an einem Wort hängen, können mir
dann nicht weiter folgen,

> andere schalten ab, doch es gibt auch die, welche mir
> zuhören, zuhören, wenn ich bete. Bis zum Ende.

Herr im Himmel,

muss ich genauso die Litanei beten, wie es hin und
wieder geschieht.

> So monoton, so immer gleich, so – für mich –
> nichtssagend.

Da bitten die Konfirmanden darum, dass der
Gottesdienst anders werde,

> doch fange ich damit an, stören sich die, welche
> Änderungen nicht wollen.

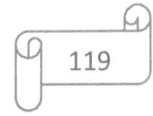

Würden wir nicht heute noch in Höhlen leben, wenn nicht einer der Höhlenmenschen mal etwas anders gemacht hätte?

Und ich bete nun mal anders.

Martin Luther hat doch auch gesagt: „Hier stehe ich, ich kann nicht anders."

Gut, ich bin weder ein Höhlenmensch noch Martin Luther,

Du hast mich so geschaffen, wie ich bin – anders.

Ich bete auch gerne, bitte und bete auch für andere Menschen.

Vielleicht will ich es Jedem recht machen und das geht nicht.

Jetzt zweifle ich wieder, ob ich überhaupt richtig bete.

Gibt es das überhaupt? Richtig beten?

Was soll ich jetzt machen? Herr, ich stehe vor der Entscheidung:

mich anpassen oder so bleiben wie Du mich geschaffen hast. So anders.

Herr im Himmel, der manchmal so weit weg ist, wenn ich doch nur eine Lösung fände.

Und danke für die vielen netten Worte, die ich schon von anderen gehört habe.

Ich hoffe sie reichen und helfen mir, uns, allen.

Amen

Gebet eines Reisenden

Lieber Gott,

danke, dass ich so gut angekommen bin.

Das Taxi hat mich unfallfrei und pünktlich zum Flughafen gebracht.

Ich habe einmal gehört, dass der Weg von und zum Flughafen das gefährlichste an einer Reise sei.

Der Flug ist auch gut verlaufen. Der Pilot versteht seinen Beruf.

Wir hatten auch keine Luftlöcher und Winde. Start und Landung verliefen gut und auch mein Gepäck ist vollständig angekommen.

Jetzt will ich mich hier erholen.

Danke, dass hier ein wunderschönes Wetter ist, das Hotel sauber ist und ich ein schönes Zimmer habe.

Vielleicht kann ich hier wieder einmal ein wenig Abstand zum Stress bekommen.

Ich spüre Dich hier in der Landschaft, der Luft und in, für mich, unbekannten Gerüchen.

Lieber Gott, danke, dass ich das erleben darf.

Amen

Freier Lauf

Herr,

vielen Dank, dass ich meiner Fantasie immer so schön
freien Lauf lassen darf.

Ich kann schreiben was ich will,

ich kann schreiben über was ich will,

ich kann offen schreiben über wen ich will

und niemand macht mir Vorschriften.

Gezähmte Fantasie,

abgerichtete Fantasie,

dressierte Fantasie,

disziplinierte,

fügsame oder gar gefügige Fantasie

ist gefesselt,

ist nicht frei, ich gelenkt und gibt mich nicht mehr
wider.

Danke, dass ich meiner Fantasie immer so schön
freien Lauf lassen darf.

Amen

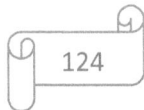

Walderdbeeren

Herr, ich danke Dir für die Walderdbeeren, die ich heute finden durfte.

Du hast mir mal wieder gezeigt, dass es mehr gibt als Supermärkte, Sonderangebote und abgepackte Portionen.

Dein Supermarkt ist die Natur.

Die Sonderangebote bietet die Natur an.

Deine Portionen sind ausreichend verteilt.

Danke, dass Du mich wieder einmal der Natur nahegebracht hast.

Amen

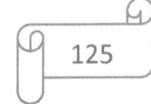

Abenteuer Leben

Herr,

das größte Abenteuer, welches man unternehmen kann, ist das eigene Leben.

Ich bin mittendrin, lieber Gott.

Dabei schützt Du mich vor Klippen und Abgründen,

Du führst mich auf sicheren Wegen, verschlungenen Pfaden,

Du lässt mich auf geraden Straßen gehen und durch den Dschungel.

Herr,

ich danke Dir für alles Neue, was ich sehe,

ich danke Dir für alles Bekannte, was ich mit Freuden wiedererkenne

und für alles Ungewöhnliche, was mich vor Gefahren warnt.

Danke Herr, dass ich das größte Abenteuer der Menschen, das Leben, bestehen darf.

Amen

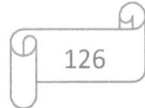

Liebesgott

Herr der Liebe,

wie schön, lieber Gott, ist es, Liebe zu spüren.

Wie schön ist es, Liebe zu geben und zu empfangen.

Diese Wärme, die mich durchströmt,

die Hitze, die ich ausströme, damit mein Partner sie spürt.

Dieses Schmetterlingsgefühl im Bauch,

diese Leichtigkeit des Lebens.

Herr, wie schön ist es, schweben zu können,

die Haftung auf die Erde zu einzubüßen,

ohne den Boden unter den Füßen zu verlieren.

Diese Vergleiche anzustellen, mit Dingen, mit Geschöpfen,

die mit dem Menschen sonst nichts gemeinsam haben.

Herr, wie schön ist es verliebt zu sein.

Amen

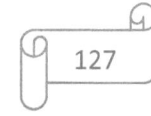

Et Gebedd (auf Kölsch)

Et Gebedd es ene Wunsch, dä nohm Himmel gescheck weed.

Et jeiht alsu nohm em leeve Herrgott.

Ävver de Trone vom Herrgott, dat sin dann die Rähndroppe und

wann der Himmel op de Ääd eravkütt, dann kriesch hä.

Därf hä dat? Der leeve Herrgott, därf hä kriesche?

Ävver sischer dat. Denn der leeve Hergott weiß, dat em Minschehätz et Paradies es – ävver och de Höll. Und wenn hä dorin luhrt, dann kann och der leeve Herrgott schon ens kriesche, denn wenn mer sich die Welt ansüht, künnt mehr gläuve, Gott wör Atheist. Gott schläht die, die Hä gään hät. Un mir denke: Wat Gott deit, dat es god gedon. Och wenn mir Jecke Gott nit begriefe künne, su hät Gott uns doch gään.

Amen

Füße

Herr, meine Füße tun sich so schwer diesen Weg zu gehen.

Er ist steinig, er ist schwer, er ist steil, aber ich gehe ihn.

Du hast mich angewiesen, mich gelenkt, denn allein wäre ich diesen Weg wohl nie gegangen.

Führt er mich wirklich weiter, oder ist es wieder nur eine Deiner Prüfungen?

Herr, mir fällt es schwer daran zu glauben, aber ich gehe.

Denn, auch wenn ich keinen Sinn darin sehe, Du führst mich.

Auch diesen Weg.

Amen

Regengebet

Herr,

es regnet in Strömen. Wie sagt man so schön: „Es regnet Bindfäden".

Es sieht wirklich so aus. Und diese Bindfäden bilden Vorhänge.

Die Natur brauchte und braucht den Regen, die Felder dürsten danach – aber muss es so viel sein?

Herr,

was ist mit den Menschen, die mit den Hunden Gassi gehen müssen?

Was ist mit den Menschen, die draußen arbeiten müssen?

Was ist mit den Menschen, die heute frei haben und im Sommer lieber ein Sonnenbad als eine Regendusche nehmen würden?

Was ist mit den Menschen, die einen Termin wahrnehmen müssen?

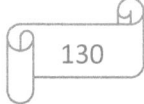

Herr,

ich bitte Dich, teile den Regen doch ein wenig anders ein.

Vielleicht mehr in der Nacht,

vielleicht in Etappen und nicht so an einem Stück Dauerregen.

Wäre doch eine göttliche Überlegung wert, oder?

Trotzdem Danke für den Regen, die Natur braucht ihn.

Amen

Eine weitere Frage habe ich da

Herr,

was ist Glück?

>Für mich ist Glück die Freude am Leben,

>am eigenen Leben,

>am Leben als Erlebnis mit der Natur,

>der Umwelt,

>dem Umfeld.

Je intensiver ich es lebe,

je mehr weiß ich Dich in meiner Nähe.

Welch großes Glück ich habe.

Amen.

Gebet eines Prüflings

Herr, heute habe ich eine Prüfung vor mir.

Ich habe gelernt, aber ob ich das Richtige ausgesucht habe, weiß ich nicht.

Ich weiß auch nicht, ob ich alles behalten habe und es rechtzeitig abrufen kann.

Doch ich will die Prüfung schaffen.

Ich weiß, in zwei Wochen fragt kein Mensch mehr danach, aber im Augenblick ist es eben wichtig.

Am Ende zählt ja nur, ob ich bestanden habe oder nicht.

Lieber Gott, ich bitte Dich meine Gedanken nicht zu blockieren,

mir die Geduld zu geben die Aufgaben zu lösen, auch wenn ich drohe zu verzweifeln.

Und ein wenig Glück brauche ich sicher auch.

Lieber Gott, hab vielen Dank, ich weiß Dich bei mir und das hilft mir.

Amen

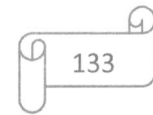

Bildhauer

Herr,

heute bin ich wieder viel gelaufen.

Eigentlich müsste ich meine Beine oder wenigstens die Füße spüren,

aber dem ist nicht so.

Lag es daran, dass ich so viel Neues gesehen habe?

Neue Dinge, für die Du mir die Augen geöffnet hast.

Lag es daran, dass mir das Laufen heute nicht so schwerfiel?

Leichter jedenfalls, weil ich wusste, Du trägst mich.

Herr,

heute habe ich viele Gesichter gesehen.

Eigentlich sehe ich die sonst auch immer, aber heute habe ich sie mit Verstand gesehen. Das ist nicht immer so.

Ich sah Schicksale, die ihre Spuren in den Gesichtern hinterlassen haben.

Ich sah Freuden und Glück, die sich als Glanz in den Augen widerspiegelten.

Ich sah Sorgen und Nöte, die nach Antwort suchend umherblickten.

Herr,

heute habe ich wieder viel gelernt.

Das ist nicht immer so.

Gelernt, dass das Leben so vielfältig ist.

Das jede Sekunde uns prägt und formt

und Du der Bildhauer unseres Schicksals bist.

Amen.

Demut erschaffen

Herr, ich sehe wie Du Wolken schaffst und formst.

Herr, ich sehe wie Du Gebirge geschaffen hast.

Die einen vergehen schnell die anderen scheinen ewig zu sein.

Ist nicht alles schnell vergänglich und ewig zugleich?

Denn es kommt von Dir, dem dessen Willen wir oft Zufall nennen,

weil wir den wahren Grund nicht kennen.

Wir kommen uns oft so groß vor, dabei sind wir doch so klein,

so klein wie Schäfchenwolken, die auch schnell wieder verschwinden.

Vielleicht tut uns ein wenig Demut wieder einmal gut.

Danke, Herr, dass ich das erkennen durfte.

Amen.

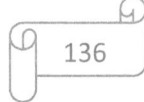

Gebet eines Arztes

Lieber Gott, ich stehe vor einer schweren Entscheidung.

Sage ich dem Patienten, wie schlecht es um ihn steht?

Sage ich ihm, mit wie wenigen Prozenten er rechnen kann,

wenn es darum geht, ob er wieder gesund wird oder nicht?

Herr im Himmel, wir sind mit unserer Kunst am Ende.

Noch gibt es kein Mittel, mit dem wir diesem Patienten helfen können.

Und dabei wollen wir ihm doch helfen, denn er ist ja noch so jung.

Wenn wir nur die Ursache seiner Krankheit wüssten,

dann könnten wir auch eine Therapie entwickeln.

Großer Gott, wie sage ich es ihm, seinen Eltern und der Familie?

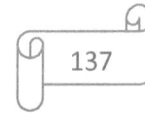

Soll ich ihm sagen, er solle beten? Dich um Hilfe bitten? Es ist so schwer.

Ich habe eine Bitte an Dich, Herr über Leben und Tod, gib diesem Kind eine Chance.

Amen.

Illusionen

Lieber Gott,

bitte erhalte mir meine Illusionen und Träume.

denn wenn ich die nicht mehr habe, oder sie mir verloren gehen,

höre ich auf zu leben.

Ein Leben nur aus Fakten lohnt sich nicht.

Du hast Illusionen und Träume erschaffen, damit wir Freude am Leben haben.

Danke dafür.

Amen

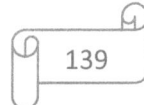

Endlos

Herr,

Deine Liebe ist so endlich wie ein Weg um eine Insel,

Deine Güte ist so groß wie die Weite des Weltalls
über uns,

Deine Gnade ist so groß, dass alle Gerichte der Welt
sie nicht walten lassen können.

Deine Nähe ist so nah, dass wir Dich in uns spüren.

Herr,

Du bist so wunderbar, dass wir immer wieder Neues
von Dir erleben.

Wie gut Herr, dass ich an Dich glaube.

Amen

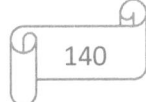

Suchen

Herr, ich suche Dich,

ich will zu Dir beten, doch ich weiß nicht, wohin ich meine Gedanken schicken soll.

Ich habe so oft gedacht, dass Du bei uns bist,

aber wo warst Du, als neulich das Kind überfahren wurde?

Wir sagen doch: ‚Kein Spatz fällt vom Dach, ohne Gottes Wille?‘

Was war mit dem Spatz?

Herr, ich suche Dich,

ich will zu Dir beten, doch ich weiß nicht, ob Du mich überhaupt hören kannst.

Ich habe oft gedacht, Gott hört alles,

aber wo hast du hingehört, als diese Frau vor Schmerzen schrie und niemand ihr mehr helfen konnte.

Dieses Schreien konntest doch auch Du nicht überhören,

es ging doch durch Mark und Bein.

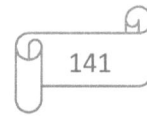

Herr, ich suche Dich,

ich will zu Dir beten, doch ich weiß nicht, ob Du mich siehst.

Ich habe oft gedacht, Gott sieht Jeden und Alles,

aber wo warst Du, als der kleine Junge im Kriegsgebiet in die Tretmine trat?

Jetzt hat er keine Unterschenkel mehr, wird in seinem Land keine Chance haben für sein weiteres Leben.

Du bist doch der Gott aller Menschen.

Herr, ich suche Dich,

ich will zu Dir beten, doch ich weiß nicht wie.

Ich habe oft gedacht ich kann beten, doch jetzt fehlen mir die Worte.

Wie soll ich Not und Elend beschreiben, Hunger und Krieg, wie unbeschreibliche seelische Nöte?

Herr, gib mir die richtigen Worte, dass, wenn ich schon nicht beten kann, ich wenigstens trösten, gut zureden und Streit schlichten kann.

Du bist doch auch mein Gott.

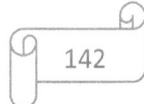

Herr, ich suche Dich

und ich weiß, dass Du alles, siehst, hörst und über uns wachst.

Ich muss nur versuchen zu beten, dann fällt mir auch in diesen Situationen das Beten sicher wieder leichter.

Herr, ich finde Dich.

Amen

Erinnerung

Lieber Gott,

ich frage mich so oft, ob die Erinnerung irgendetwas ist,

was einem selbst gehört, etwas, was man einfach für sich hat?

Oder ist die Erinnerung etwas, was wir uns einbilden, umformen, so gestalten, wie wir es gerne gehabt hätten?

Vielleicht ist es ja auch etwas, was wir schon längst verloren haben, es aber nicht wahrhaben wollen?

Herr der Erinnerungen, unserer Seele und unseres Gemütes, wie gut ist es, dass Du unsere Erinnerungen filterst, sie bereinigst oder geraderückt.

Vielleicht ist es auch richtig, dass Du uns die Erinnerungen so zeigst, wie wir sie haben wollen.

Dafür lieber Gott danke ich Dir.   Amen

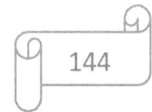

Freude

Herr der Freude, Lieber Gott,

ich bin mir sicher, dass man immer etwas haben muss, auf das man sich freuen kann.

Etwas auf das man sich freut ist etwas, was das Leben doch lebenswert macht.

Es ist etwas, was Spannung bringt, aber positive Spannung.

Freude ist doch so etwas Schönes.

Es lässt unsere Sinne wieder wach werden,

lässt uns Ideen und Gedanken schmieden,

es lässt uns wieder fröhlich sein.

Gerade wenn es uns nicht so gut geht, das ist doch die Freude auf etwas, etwas ganz Besonderes.

Danke, dass Du uns diese Freude immer wieder schenkst.

Amen

Morgengebet

Herr, ich bin wieder einmal aufgewacht.

Aufgewacht nach einer Nacht, in der Du mir Ruhe und Erholung geschenkt hast.

Mein Körper konnte sich erneuern, meine Gedanken sind zur Ruhe kommen.

Ob ich geträumt habe weiß ich nicht, aber mein Kopfkissen und mein Bettlaken sagen mir ‚Ja‘, so zerknittert und zerknautscht sind sie.

Auf jeden Fall fühle ich mich wohl.

Ich freue mich auf einen Tag, an dem mich wieder neue Herausforderungen erwarten.

Einen Tag, an dem ich vielleicht so stark gefordert werde, dass ich verzweifeln könnte.

Vielleicht wird es aber auch ein Tag, an dem ich jemandem helfen kann.

Mit Worten, einem Blick oder Taten.

Herr, lass es einen guten Tag werden, für mich, für meine Nachbarn, alle Menschen, für die ganze Welt.

Lass jede der 86.400 Sekunden wertvoll sein.

Lass es einfach nur einen guten Tag sein.

Ich bin bereit meinen Teil dazu zu leisten.

Amen.

Unerreichbar

Herr, warum sind so viele Dinge für mich immer wieder unerreichbar?

Warum sind sie manchmal so nah, dass ich sie greifen kann und manchmal so fern, dass ich sie aus dem Auge verliere?

Warum liebe ich manche Menschen und dann wieder streite ich mich mit ihnen?

Warum bin ich manchmal nachgiebig und manchmal hart?

Warum sehe ich mitunter Not und dann wieder laufe ich daran vorbei?

Warum sind manche Dinge so unnahbar, so unerreichbar, obgleich sie nahe sind?

Muss ich wieder lernen zu greifen, zu sehen, zu sprechen, zu fühlen, zu gehen, zu bemerken?

Herr, hilf mir bitte diese einfachen Dinge immer wieder neu zu erlernen und zu sehen, dass es nicht so schwer ist, so zu handeln, wie Du es eigentlich willst.

Dafür danke ich Dir.   Amen

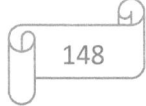

Entscheidung treffen

Herr,

ich muss eine wichtige Entscheidung treffen.

Ich versuche alle Fakten abzuwägen, doch mache ich das richtig?

Habe ich nichts vergessen?

Habe ich alle Für und Wider abgeglichen?

Habe ich noch Zeit?

Herr,

bitte hilf mir die richtige Entscheidung zu treffen.

Danke Herr.

Amen

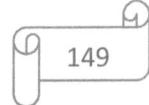

Alles

Herr,

alles was ich bin,

alles was ich will,

alles was mir sagt, was ich soll,

alles was mich treibt,

alles was ich denke

kommt durch Dich.

Gib mir die Kraft damit umzugehen.

Gib mir die Fähigkeit damit viel Gutes zu tun.

Gib mir die Stärke widerstehen zu können.

Dafür danke ich Dir,

Dir in mir,

Dir in uns,

Dir, der über allem steht.

Amen

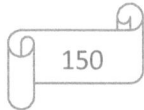

Wahrheit sagen

Herr mein Gott,

es widerstrebt mir manchmal anderen Menschen die Wahrheit zu sagen.

Ich weiß, dass ich sie verletzen würde, aber es ist die Wahrheit.

Sollten sie sie nicht wissen?

Wieso finde ich dann nicht die richtigen Worte?

Wieso nicht den richtigen Moment?

Ich kann es doch schlecht verschieben, dann ist das Unglück vielleicht schon geschehen.

Ich kann es doch schlecht auf ein nächstes Mal verschieben, dann hat mein Gegenüber vielleicht schon den Fehler gemacht, der ihm nicht hätte passieren müssen.

Muss ich überhaupt etwas sagen?

Ich glaube ja, denn ich verhindere etwas Schlimmeres.

Ach Herr, es ist so schwer ehrlich zu sein.

Amen

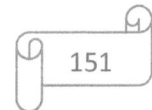

Fehler

Herr,

ich habe einen Fehler gemacht.

Ich habe jemanden gekränkt und wollte es gar nicht.

Alle Entschuldigungen haben nicht geholfen.

Ich habe einfach das falsche Wort gebraucht.

Wie mache das wieder gut?

Wie schaffe ich wieder Vertrauen?

Hilf mir bitte.

Amen

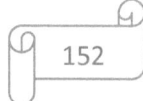

Werde ich alt?

Herr und Schöpfer,

werde ich langsam alt?

Ich war bei einem schönen Candlelightdinner.

Mein Gegenüber war mich wichtig,

sehr wichtig.

Das Lokal war romantisch, der Tisch schön gedeckt und Beleuchtung bestand aus Kerzen. Es war traumhaft.

Es wurde albtraumhaft, als ich die Speisenkarte bekam,

denn da war das Licht nicht mehr romantisch,

es war zu dunkel.

Der Ober kam mit einer kleinen Taschenlampe und beleuchtete mir die Karte,

er kannte das wohl.

Aber mit der Romantik war es vorbei,

trotz Candlelight, trotz Kerzen, trotz fantastischem Essen.

Unsere Blicke trafen sich und sagten uns dasselbe.

„Wir sind verliebt, lieben es romantisch, aber wir brauchen mehr Licht für unsere Liebe.

Wer ich alt, Herr?

Nein, die Liebe kann auch im Alter noch leben, lieben

nur das Lesen braucht gutes Licht.

Amen

Gnadenbitte

Herr,

Du hast einen weiteren Menschen zu Dir genommen.

Du hast ihn erlöst von seinen Leiden,

Leiden die nicht immer scherzhaft waren, eher vielleicht lästig.

Herr, Du hast einen Menschen erlöst aus der Einsamkeit,

die das Vergessen brachte,

die das Alleinsein verursachte.

Herr, Du gibst diesem Menschen jetzt ein neues Heim,

ohne Leiden, ohne Schmerzen, ohne Einsamkeit und Vergessen,

denn in Deiner Güte ist niemand alleine.

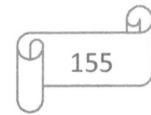

Herr, nimm diesen Menschen in den Mantel Deiner Gnade auf.

Du hast ihn zu Dir gerufen. Wir, die Hinterbliebenen wissen,

dass dieser Mensch jetzt gut bei Dir aufgehoben ist.

Amen

Wettergebet

Hallo lieber Gott,

heute ist wieder so ein Tag, von dem ich glaube, Du hast Dich nicht entscheiden können, wie der Tag so werden soll.

Am Morgen war es kalt, jedenfalls zu kalt für ein kurzarmiges Hemd. Wir haben Mitte Juli. Gestern hat es geregnet, ohne Unterlass. Heute ist es bis jetzt trocken geblieben.

Also habe ich ein langärmliges Hemd angezogen. Schon um elf Uhr wurde es zu warm. Dazu noch diese Schwüle von dem vielen Wasser, welches verdunstete. Um zwei Uhr war ich durchgeschwitzt. Da ich auf der Arbeit war, konnte ich mich nicht umziehen. Die Luft stand im Büro. Man konnte fast die Luftfeuchtigkeit stehen sehen.

Es war sehr unangenehm.

Dann gab es ein erlösendes Gewitter. Aber es hat nicht erlöst. Es wurde nur noch wärmer.

Jetzt bin ich daheim. Gerade als ich aus dem Auto stieg schüttete es los. Klatschnass auf 50 Meter. Sollte ich da noch duschen. Klar, ich habe noch geduscht.

Und jetzt sitze ich in kurzen Hosen und T-Shirt auf dem Balkon und genieße den Abend.

Wie es wohl morgen wird?

Ich möchte mich doch richtig anziehen.

Danke liebe Gott.

Amen

Sonne

Herr, ich danke Dir,

heute scheint die Sonne,

die Kraft, die Du an den Himmel gesetzt hast,

die Kraft, die in uns Gefühle setzt,

Die Kraft, die wir vermissen, wenn sie nicht da ist.

Herr, ich danke Dir,

auch für die Nacht,

die Kraft, die Du an den Himmel gesetzt hast,

die Kraft, die Gefühle in Träume wandelt,

die Kraft, die wir vermissen, wenn sie uns als Erholung fehlt.

Herr, ich danke Dir,

für die Wolken,

die Kraft, die Du an den Himmel gesetzt hast,

die Kraft, die Gefühle in Bilder wandelt,

die Kraft, die wir vermissen, wenn das Blau zwar schön, aber ohne Leben ist.

Herr, ich danke Dir,

für den Regenbogen,

die Kraft, die Du an den Himmel gesetzt hast,

die Kraft, die uns verbindet,

die Kraft, die Du uns als Symbol unserer Verbindung geschenkt hast.

Herr, ich danke Dir,

dass ich in all diesen Zeichen Dir erkenne,

Dich sehe,

Dich spüre.

Herr, ich danke Dir,

dass Du mir diese Gefühle gegeben hast.

Ame

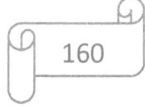

Du sollst Dir kein Bildnis machen

Herr im Himmel,

heute habe ich oft an Dich gedacht.

Ich bin ja nur ein kleiner Mensch und versuche mir immer ein Bild von etwas zu machen. Auch von Dir, obgleich es heißt, wir sollen uns kein Bildnis machen. Aber Bildnis ist nicht Bild in Gedanken. An solch einem Bild ist für mich nötig. Ich möchte mich irgendwo dran festhalten können. Ich möchte mich irgendwie orientieren können. Ich brauche ein Leitbild. Und Leitbild ohne „bild" geht doch auch nicht.

Für mich ist es deshalb so schwer, weil es doch auch heißt, dass Du uns zu Deinem Ebenbild geschaffen hast. Ist dann die Vorstellung von einem Mann so falsch. So eine Kombination aus strengem Vater und gütigem Großvater. Vielleicht aber auch noch der Onkel, auf den man hörte, dem man vertraute, weil er zwar verwandt ist, aber nicht so nahe bei einem, wie Vater oder Großvater.

Ich brauche keine Statue, die ich anfassen kann und doch haben wir Christen uns einen Ersatz geschaffen. Das Kreuz. Wie oft nehmen wir es in die Hand, küssen es sogar oder tragen es hautnah am Körper.

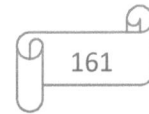

Lieber Gott, ich will mich ja an die 10 Gebote halten. Doch bei diesem Gebot, sich kein Bildnis von Dir zu machen, fällt es mir extrem schwer. Und auch das Wort „Glauben" ist so schwer zu be"greifen". Führe mich weiter, wie das geht, ohne dass Du mich bei der Hand nimmst, weißt nur Du. Leite mich, zeige mir meinen weiteren Weg.

Ich danke Dir mein Lebensleiter.

Amen

Gebet für meine Füße

Herr, heute sind sie müde, sie haben mich den ganzen Tag getragen.

Mich mit meinem ganzen Gewicht.

Ich habe sie in Socken geschoben, sie in enge Schuhe gesteckt, wo sie kaum Platz hatten sich richtig zu entfalten. Das sind sie gewohnt.

Sie haben oft angestoßen. An Kanten, an Ecken, an Stufen, an Steine. Das haben sie mir nicht übelgenommen.

Jetzt sind sie müde, denn sie haben den ganzen Tag mein Gleichgewicht gehalten.

Mich, mit meinen wackeligen Knien.

Jetzt halte ich sie in ein Erholungsbecken. Sie sollen entspannen.

Herrn, wenn ich heute Nacht schlafe, gib ihnen Gelegenheit sich zu erholen.

Sie tragen und leiten mich seit ich Laufen kann und
sie werden mich bis zum letzten Schritt tragen.
Dafür bin ich dankbar.

Sei meinen Füßen gnädig und lasse sie gut schlafen.
Aber nicht einschlafen bitte.

Danke Herr.

Amen

Gebet eines Atheisten

Hallo. Herr Gott, auch wenn ich nicht an Sie glaube, so will ich Sie doch korrekt ansprechen. Dabei weiß ich noch nicht einmal, ob Sie Mann oder Frau sind. Ich bleibe also beim üblichen Bild.

Ich bin überzeugter Atheist. Freigeist, wie manche auch sagen. Das liegt sicher an meiner Erziehung. Mein Vater war Arbeiter und Kommunist. Wir lebten im Osten im Arbeiterstaat, wie es damals hieß. Meine Mutter war bei der Partei und so hat man mich mit dem ganzen Kirchenkram verschont.

Gut, ich habe schon mitbekommen, dass es Kirchen gibt. Gab es ja auch bei uns, aber das war nicht so meine Sache. Ich wurde Pionier und habe die Parteilaufbahn durchlaufen, wie es sich für ein Arbeiterkind gehört. Ich hatte einen Freund, dessen Eltern an Sie glaubten. Die waren eigentlich ganz nett, haben auch nie versucht mich zu bekehren.

Mein Vater starb durch einen Unfall im Werk und ein Grabredner hat gesprochen. Nüchtern, sachlich und ohne Emotionen. Ich war damals vierzehn Jahre alt. Dann starb die Mutter meines Freundes und ein Pfarrer hat die Beerdigung gemacht. Es war irgendwie gefühlvoller als bei uns. Beeindruckt hat mich, dass er von Seele sprach und dass sie jetzt bei Ihnen sei. Mein Freund schluchzte bei dem Satz. Bei der eigentlichen Beerdigung ging es sehr feierlich zu. Mehr als bei uns damals. Trotzdem, ich blieb Atheist.

Dann kam die Wende. Wie viele Menschen schwenkten auf einmal um. Nicht mehr Marx und Lenin waren die Götter, die gingen doch tatsächlich in die Kirche. Meine Mutter war erschüttert, als sie sogar die alten Sowjets mit den Popen sah.

Ich bin dann mal mit meinem Freund in den Jugendkeller der evangelischen Kirche gegangen. Sonst waren wir immer im Kulturhaus. Im Jugendkeller hing noch nicht einmal ein Kreuz. Auch keine Sprüche. Es gab eine Diskussionsecke, da wurde darüber gesprochen, was für eine Musik Jesus wohl heute bevorzugen würde. Ich konnte nicht mitreden, weil ich von diesem Jesus so gut wie nichts wusste. War aber interessant. Dieser Jesus muss ja für alles offen gewesen sein. Ein paar Wochen später war ich in Berlin. Da bin ich dann heimlich in einen Gottesdienst gegangen. Da kannte mich ja niemand. Ich wollte das mal erleben. War schon merkwürdig. Ich fühlte mich total unsicher. Aber es hat mich doch irgendwie ergriffen. Hinterher blieben die sogar noch zusammen. Bei unseren Parteitreffen wollte immer jeder schnell wieder nach Hause.

Dann habe ich mir mal im Internet Infos über diesen Jesus geholt. Scheint ja ein strammer Kommunist gewesen zu sein. Seine Thesen sind jedenfalls kaum anders, als das Kapital von Marx. Aber wie das mit Ihnen, Herr Gott, so zusammenhängt, das habe ich noch nicht so ganz kapiert. Ist aber auch schwer. Gott als Vater, auch von Jesus, dann ist wieder ein Josef der Vater und der Heilige Geist auch wieder. Ganz schön durcheinander.

Ja, und jetzt bin ich in dieser Zwickmühle. Gibt es Sie, gibt es Sie nicht? Ich würde mich ja gerne mehr damit beschäftigen, aber ich habe so viel Arbeit vor mir.

Herr Gott, wenn es sie doch geben sollte, was ich ja immer noch nicht glauben kann, dann lassen Sie es mich doch irgendwie spüren. Ich habe festgestellt, dass die Menschen, die an Sie glauben, irgendwie einen Halt haben, irgendwie zufriedener scheinen. Und gibt es Sie nur in der Kirche? Ich möchte mehr über Sie wissen, und damit in Erfahrung bringen, wieso es sie seit so vielen Jahrtausenden gibt, der Kommunismus sich aber doch als untauglich erwiesen hat.

Sie können sich ja irgendwie mal melden.

Vielen Dank und ich grüße Sie, Herr Gott. Oder sagt man zu Ihnen: Amen?

Dann Amen.

Gebet eines Dozenten

Herr, ich habe mich gut vorbereitet. Meine Studenten liegen mir am Herzen.

Ich habe ja selbst keine Kinder, da sehe ich in manchen der jungen Leute einen Ersatz. Viele sind mir sogar ans Herz gewachsen. Trotzdem versuche ich immer gerecht zu bleiben. Da ist nicht leicht. Ich bin ja auch nur ein Mensch.

Herr, gib mir noch lange die Fähigkeit junge Menschen für die Zukunft zu begeistern. Jungen Menschen eine Zukunft zu geben, sie auf Pro und Contra der Zukunft hinzuweisen.

Lasse sie die Fehler, die ich gemacht habe, vielleicht ein wenig weniger, auch machen, denn sie formen einen Menschen. Erfahrung ist ein Rüstzeug für das Leben.

Lasse ihnen aber auch ihre Unbekümmertheit und ihre Idee.

Danke, dass ich für sie da sein darf.

Amen

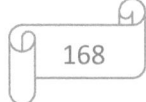

Wolkenspiel

Herr im Himmel,

die Wolken ziehen heut geschwind,

der Wind spielt mit ihnen, wie ein Kind,

sie zupfen und reißen sie entzwei,

sie mischen zusammen sie wie ein Brei,

sie formen Gesichter, Köpfe und Nasen,

manchmal auch Hunde, Vögel und kleine Hasen.

Dann nehme sie Farben gießen sie über die Formen,

sie halten sich nicht an Gemisch oder Normen,

sie geben uns damit der Fantasie freien Lauf.

Pass gut auf den Wind und die Wolken auf.

Amen

Zufrieden

Herr, mein Freund,

ich bin zufrieden. Das ist eine Kunst, denn so einfach ist das nicht immer.

Aber wieso?

Es ging mir gut heute. Ich habe Arbeit. Ich habe zu essen und ich habe ein Zuhause.

Wie viele Menschen scheinen zufrieden zu sein? Und wenn ein Lüftchen weht, dann verfliegt der blaue Dunst, hinter dem sie sich verstecken, weil sie sich nicht trauen die Wahrheit zu sagen, die vielleicht helfen könnte.

Wenn sie dann zufrieden werden, dann haben sie wirklich großes Glück. Denn Du hast ihnen geholfen. Du hast ihre Wege geebnet, ihnen Hinweise gegeben, wie sie gehen soll.

Und wenn sie zufrieden bleiben, dann hast Du ein Meisterstück geleistet. Denn zufrieden bleiben ist so wunderschön, wie es nur ein Meister schaffen kann.

Lass mich bitte noch lange zufrieden bleiben.

Amen

Die Sonne lacht

Guten Morgen lieber Gott,

Herrlich, ein neuer Tag. Die Sonne lacht und es verspricht ein schöner Tag zu werden.

Ich will meines dazu tun. Ich will versuchen heute nur positiv zu denken und möglichst freundlich zu sein. Ich will auch versuchen zu anderen Menschen nur freundlich zu sein. Ich finde es spannend, wie man darauf reagiert. Sicher werden einige Menschen denken: „Was ist denn mit dem los?" Nette Kunden wünschen. An der Kasse werde ich jemanden vorlassen, wenn er weniger im Warenkorb hat als ich. Wenn es geht, werde ich jemandem die Türe aufhalten und: „Bitte schön" sagen. Lächeln wäre auch noch eine Option.

Ich bin mal gespannt, ob das so funktioniert. Vielleicht gewöhne ich mich ja sogar daran. Ich bin mir sogar sicher, dass dieses Handeln ansteckend sein kann. Mal sehen.

Also, lieber Gott, auf einen tollen Tag.

Amen

Dunkelheit

Herr, es heller Tag,

es ist Mittag an dem Tag, der das erste vom zweiten Halbjahr trennt.

Warum bringst Du mir an einem solchen Tag so viel Dunkelheit?

Warum nimmst Du mir, in der Dunkelheit der Nacht, meinen geliebten Bruder?

Warum frage ich mich immer wieder?

Ich weiß, dass wir alle einmal zum letzten Weg antreten müssen,

muss es aber so unverhofft sein, obgleich wir darauf vorbereitet sind und waren.

Ich stehe hier in Dunkelheit vor Dir,

anderen leuchtet an diesem Tag die Sonne und sicher bemerken sie die Dunkelheit um mich herum nicht.

Du hast mir nicht den Bruder genommen, Du hast ihn zu Dir genommen,

in Deine Güte, zu denen, die auf ihn warteten.

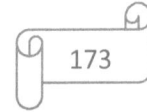

Ich aber höre die stummen Schreie seiner Familie „Ich bin so alleine."

Nicht er schrie zu Dir, seine Söhne riefen, denn auch für sie war plötzlich Dunkelheit.

Herr, lass uns wenigstens gewiss sein, dass für meinen Bruder Licht ist,

strahlend, helles Licht, dort wo sich Himmel und Erde berühren,

dort wo Liebende warten, dort wo wir alle Deine Güte erhoffen.

Und lass die Dunkelheit um und in uns bald wieder heller werden.

Herr, ich vertraue auf Dich. Sei meine Stütze und Hilfe, denn ich glaube an Dich.

Amen.

Ende

Jetzt ist schon wieder ein halbes Jahr vorbei.

Mein Gott, wo ist die Zeit geblieben?

Herr, lass mich mein Leben auf Deine Waage legen.

Welche Seite geht wohl nach unten?

Die mit den guten oder die mit den schlechten Taten.

Ich versuche mich zu erinnern.

Bewusst ist mir keine schlechte Tat.

Ich habe mir alle Mühe gegeben, gerecht zu sein, niemandem zu schaden.

Vielleicht habe ich mal etwas gesagt, was nicht so freundlich war.

Da bin ich mir nicht so ganz sicher, denn nicht alles, was man sagt, kommt auch beim anderen auch so an.

Doch was habe ich Gutes getan?

Was Großes war es sicher nicht,

daran würde ich mich erinnern.

Aber vielleicht ist es die Summe der Kleinigkeiten,

welche die Schale des Guten nach unten gehen lässt.

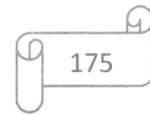

Herr, gib mir weiter die Fähigkeit mich unter Kontrolle zu behalten.

Gib mir weiter die Muße Dinge und Worte zu ertragen, die nicht so leicht zu ertragen sind und gib mir möglichst immer das richtige Wort, zu richtigen Zeit an die richtige Person.

Vollkommen will und kann ich nicht sein.

Ich habe ja auch meine Macken, die welche mich ausmachen, mich zu dem machen, der ich bin.

Dann werde ich auch das nächste halbe Jahr gut überstehen.

Herr, ich danke Dir.

Amen

Überall

Überall habe ich den Himmel über mir.

Überall habe ich die Erde unter mir.

Überall habe ich Dich bei mir

in mir,

oh mein Gott,

wie glücklich ich sein kann.

Amen.

Fluchtkinder

Herr der Schöpfung,

ich habe diese Kinder gesehen, diese Kinder mit den großen, ängstlichen Augen.

Sie sind auf der Flucht vor Gewalt, Not und Krieg.

Die Gesichter sind eingefallen, Hungerbäuche quellen hervor.

Herr, warum müssen immer Kinder so unter Krieg leiden?

Warum müssen Sie statt Brot zu essen, Not und Elend vorgesetzt bekommen?

Da verstehe ich Dich nicht.

Herr der Gnade,

Du hast doch auch diese Kinder geschaffen. Kinder, die einmal die Zukunft der Welt sind. Sollen Sie den Hass, den sie spüren, weitergeben?

Sollen Sie nicht lernen, dass Güte, Liebe und Wohlergehen so viel besser ist als Krieg?

Gib den Kindern endlich Frieden. Gib den Kindern Brot, unser tägliches Brot.

Gib den Kindern Freude.

Du kannst es. Darauf vertraue ich, auch wenn es sehr, sehr schwerfällt.

Amen

Umwege

Herr,

heute musste ich einen Umweg fahren. Zuerst habe ich mich geärgert, doch dann wurde mir die Schönheit des Ausblicks klar, ich konnte genießen. Ansonsten wäre ich nur über die Autobahn gefahren. Auch schön, aber auf dem Umweg wurde es grandios. Kaum ein Auto. Nur Natur, Bäume, Pflanzen und sogar ein Fuchs war zu sehen.

Danke, dass Du mir diese schönen Momente gegeben hast. Du hast mich glücklich gemacht.

Amen

Entwicklung

Herr, ich danke Dir.

Du hast mein Leben aus Fotos zusammengesetzt.

Insgesamt geben sie einen Film ab.

Was ich am grandios finde, dass Du aus vielen Negativen etwas Positives gemacht hast.

Dein Entwickler ist einzigartig.

Dafür danke ich Dir.

Amen

Gott und der See

Herr und Gott,

ich bete heute für einen See. Einen kleinen See. Einen sterbenden See.

Jedes Jahr kämpft er ums Überleben.

Er hat es nicht leicht, denn er ist künstlich angelegt und hat keinen Zu- oder Abfluss, die ihn reinigen könnten.

Dieser See ist ein Erholungssee.

Man kann und darf nicht darin baden oder mit dem Boot fahren. Aber spazieren gehen darf man stundenlang um diesen See.

Das machen die Menschen auch. Sie freuen sich über die schöne Anlage, die Wasservögel und die Fische. Doch die Menschen sind unvernünftig. Sie füttern die Enten und Fische viel zu viel. Da helfen auch keine Schilder. Und da unser See nicht tief ist, wird es ihm schlecht. Die Algen wachsen, blühen, werfen das Gleichgewicht durcheinander. Erst wenn tote Fische oben schwimmen merken die gutmütigen Menschen, dass etwas nicht stimmt. Doch dann ist es fast immer

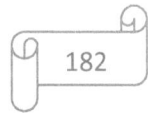

zu spät. Der See hat kein Frischwasser und keinen Sauerstoff mehr.

Dieses Jahr kam die Hitze so plötzlich, der See explodierte da fast.

Jetzt pumpt die Feuerwehr kostbares Trinkwasser in den See, pumpt Luft hinein und verjagt die Vögel und die Fütterer.

Warum kann der Mensch nicht vernünftig sein?

Lass ihn bitte einsehen, dass Gut gemeintes nicht immer gut ist.

Hilf dem See zu überleben.

Hilf den Fischen, Vögeln und Menschen mit dieser Schönheit der Natur zu leben.

Danke Herr der Schöpfung.

Amen

Montagsgebet

Herr der Zeit,

heute beginnt wieder eine neue Arbeitswoche.

Mein Terminkalender ist voll, ich habe viel zu tun.

Zu viel?

Die Termine mache ich ja selbst.

Vielleicht sollte ich auch mal „Nein" sagen.

Aber das kann ich nicht. Doch! Ich muss es können. Ich muss es eben lernen „Nein" zu sagen.

Herr, lass mich diese Woche gut überleben.

Lass mich kluge Entscheidungen treffen.

Lass mich mit den Mitmenschen gut auskommen.

Lass mich lernen, wenigstens hin und wieder zu einem neuen Termin „Nein" zu sagen.

Danke Herr, Du Verwalter der Zeit.

Amen

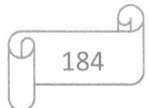

Absurd

Oh, mein Herr und Gott, ist es nicht absurd,

dass sich alles ändern muss, wenn es beim Alten bleiben soll.

Sich die Zeit trotzdem weiterbewegt, wenn sie für uns stillsteht.

Wir viele Dinge nicht hören wollen, obwohl sie uns entgegen schreien.

Herr und Gott, Vater und Sohn und Heiliger Geist,

es ist nicht absurd,

es ist Dein Wille.

Amen

Paradies auf Erden

Herr der Erde,

du hast uns im Paradies erschaffen,

wir mussten es verlassen,

doch der Gedanke daran, lässt Erinnerungen wach werden.

Wir haben Vorstellungen vom Paradies,

vom ewigen Leben mit allem was uns gefällt.

Du hast uns aus dem Paradies vertrieben,

hast uns in die Öde der Welt verstoßen,

aber Du hast uns den Gedanken an das Paradies gelassen.

Wir können aus dieser Welt ein Paradies machen.

wenn es dem Anderen gefällt.

Doch Du hast nicht nur uns,

sondern auch Neid, Habgier und Macht auf die Erde gegeben,

etwa damit wir zeigen, dass wir damit umzugehen wissen?

Sie so in Schacht halten, dass Güte und Gnade siegen,

doch der Kampf tobt immer noch.

Herr, zeige uns den Weg wenigstens wieder ein Stück Paradies zu schaffen.

Schöpfer, lass es uns gemeinsam versuchen, Zufriedenheit zu säen,

Glück zu pflanzen und Güte erblühen zu lassen,

denn sie sind die schönsten Gewächse im Garten Eden.

Hilf denen die so denken.

Amen

So schwer

Herr, warum ist es so schwer zu beten?

Ich meine nicht dieses Beten bei Tisch.

Am Abend oder auch das Vaterunser,

ich meine ein richtig ernst gemeintes Gebet.

eines welches von Herzen kommt.

Weißt Du Herr, nicht nur dieses gewollte Danken,

dieses Bitten, dieses, ach ich weiß nicht was.

Ich meine ein Gebet ist ein Zwiegespräch mit Dir, oh Herr.

Da spreche ich Dich an und ich erhalte eine Antwort.

Das ist mir auch schon passiert, denn Deine Antwort,

das sind meine Gedanken, die ich dann wieder mit der

nächsten Frage verbinde. Das ist für mich ein wahres Gebet.

Herr, warum ist es so schwer zu beten?

Weil wir bei den vielen Nebengeräuschen, selbst in der Stille, deine Stimme nicht mehr hören, weil Du uns so weit erscheinst,

auch wenn Du so nah, sogar in uns bist.

Herr, vielleicht sollte ich mich einfach mehr konzentrieren,

oder mich mehr fallen lassen, fallen lassen in Deine Hände.

Vielleicht sollte ich versuchen Dich wieder zu hören,

dann kann ich vielleicht auch wieder richtig beten.

Danke mein Herr und Gott.

Amen

Dienstagsgebet

Herr, heute ist Dienstag.

Meetingstag bei uns, denn da sind die auch da, die Montag erst anreisen,

die von weit herkommen.

Das wird wieder ein langer Tag werden, bis spät in die Nacht wird es wieder gehen.

Herr der Entscheidungen,

gib uns die Gnade nicht durcheinander zu reden, mach bitte, dass nicht jeder das wiederholen will, was der Vorredner schon gesagt hat.

Gib uns die Gnade der Kürze, der Erkenntnis, was richtig und was falsch ist.

Das ist nicht immer leicht und manchmal weiß man es auch nicht, aber lass uns zu unseren Entscheidungen stehen. Dann wird es auch laufen.

Herr, heute ist Dienstag.

Ein langer Tag, lass ihn nicht zu schwer werden. Es gibt noch andere Dinge wie Meetings und so.

Ich danke Dir schon im Voraus.

Amen

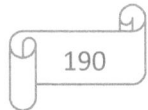

Gedankenspiele

Herr, Du hast mir einen Geist geschenkt,

einen Geist zum Denken.

Ich denke oft über die Vergangenheit nach,

was habe ich falsch gemacht,

was hätte ich besser machen können,

was war richtig?

Ich denke auch oft über die Zukunft nach,

werde ich alles richtig machen,

werde ich gesund bleiben,

werde ich alleine sein?

Ich habe aber Eines herausgefunden,

es gibt nur eine richtige und wichtige Zeit

und die heißt:

Heute. Jetzt. Hier. Augenblicklich. In diesem Augenblick.

Amen

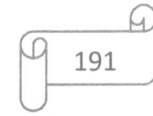

Mittwochsgebet

Herr der Zeit,

die Woche ist halb herum.

Wie schnell die Zeit doch geht.

Heute habe ich einen Termin mit einem Bewerber als Auszubildender.

Ob er zu uns passt? Das Zeugnis ist gut. Die Bewerbung geht so.

Halt das üblich. Sauber, pünktlich, teamfähig, aber das schreiben alle.

Ich hoffe ich stelle die richtigen Fragen.

Ich hoffe er gibt kluge Antworten, sonst müssen wir weitersuchen.

Es gibt viele Bewerbungen, aber auch viele, die gleich durch das Raster fallen.

Dann habe ich noch einen Termin mit einem Kunden.

Da mache ich mir weniger Sorgen.

Ich bin guter Laune und freue mich auf meine Arbeit.

Hilf mir den Tag gut abzuschließen.

Danke, Du Herr der Zeit.

Amen

Bitte einer Hausfrau

„Lieber Gott, mir schmerzen die Knie."

Du fragst „warum?"

„Na, weil ich mich doch immer wieder bücken muss.

Da werfen die Kinder die Wäsche neben den Wäschekorb, statt in den Wäschekorb.

Da fällt ein Messer herunter. Natürlich mein bestes Messer.

Das aus Keramik, weiß Du? Und die Spitze ist abgebrochen.

Jetzt habe ich drei solcher Messer ohne Spitze. Aber scharf sind sie dennoch.

Aber musste es so doof fallen, dass ich mal wieder auf die Knie musste, um es aus der einzigen Stelle herauszufischen, wo es nicht hinfallen sollte.

Dann war da noch die Kaffeefiltertüte, die meinem Mann herunterfiel.

Fegen hilft da nur bedingt. Aufwischen auch nicht viel mehr.

Es hilft wirklich nur, dass man sich dem Boden nähert, um dann mit den Händen zu wischen.

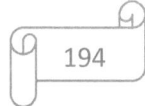

Nur eine Mikrofaserlappenstärke zwischen Fingern und Boden.

Wie kam ich nur auf den Gedanken mal wieder unter den Betten richtig sauber zu machen?

Der Staubsauger erledigt die Grobarbeit. Der Wischmopp macht noch mehr.

Doch als ich von der Türe aus zurückblicke sehe ich sie: die Stellen an die ich so nicht drangekommen war.

Muss die Sonne mir das unbedingt jetzt so zeigen?

Kannst Du mir mal sagen, wieso Unkrautjäten ansteckend ist?

Da fing erst die Frau gegenüber an, es folgte die Superfrau daneben, dann der alte Mann ein Haus weiter.

Wie konnte ich da nicht mitmachen?

Warum sind manche Pflanzen nur so fest im Boden verankert?

Bin ich denn wirklich so empfindlich?

Ich habe jeden Stein unter den Kissen gespürt, die mich immer im Garten begleiten.

Und dann hat sich Herr Schröder auch noch auf meinem Schoß niedergelassen.

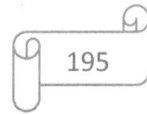

Herr Schröder unsere Nervensäge in Form eines Canadian Churchdogs.

Ich kann ihn einfach nicht herunterstoßen, trotz seiner 32 kg.

Er meint es doch lieb – wenn nur sein Beckenknochen nicht so drücken würde.

Herr, gib mir die Geduld all dies weiter zu ertragen

und eine gute Idee, welches Mittel am besten die Schmerzen lindert.

Danke Herr."

Amen

Gebet eines Einschlafenden

Herr, der Tag war hart.

Die Arbeit hat mich müde gemacht, ich bin eben nicht mehr der Jüngste.

Danke, dass ich ihn überstanden habe.

Ich musste eine schwere Entscheidung treffen, aber ich bin überzeugt, dass ich es richtig gemacht habe.

Jetzt liege ich hier, lasse den Tag noch einmal Revue passieren und frage mich, wo die Zeit geblieben ist.

Ich glaube sowieso, dass die Tage immer schneller vergehen.

Oder liegt das an meinem Alter?

Herr, lass mich ruhig schlafen, erholt aufwachen und gesund bleiben.

Danke für Deine Gnade.

Amen

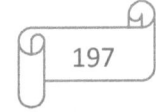

Gebet für eine Entenfamilie

Herr der Schöpfung und der Natur,

heute habe ich eine Entenfamilie gesehen.

Sie standen am Straßenrand einer stark befahrenen Straße.

Fast sah es so aus, als ob sie auf ‚Grün' warten würden,

damit sie die Straße überqueren konnten.

Aber da war kein Überweg.

Vorsichtig bremste ein Autofahrer.

Es war ein Mann mittleren Alters.

Er hielt das nächste Auto auf der zweiten Spur an.

Gemeinsam halfen sie der Ente mit den Jungen über die Straße.

Auf der anderen Seite hielten sie den Gegenverkehr an.

Niemand hupte.

Die Mutter ging vorsichtig mit ihren Jungen über die Straße.

Drüben war eine Wiese und ein Teich, ein großer Teich, künstlich angelegt, ein Erholungsplatz für Städter.

Die Ente erreichte das Wasser.

Aus drei anderen Wagen waren Menschen ausgestiegen.

Sie klatschten Beifall.

Lieber Gott, gib diesen Entchen ein langes Leben und immer wieder Menschen, die sich Zeit nehmen um ihnen zu helfen.

Zeit in der Hetze des Alltags.

Amen

Wunder

Herr, wir kennen Deine Wunder aus der Bibel,

doch erleben wir sie nicht jeden Tag neu?

Ist es nicht ein Wunder, die Natur einmal mit offenen Augen zu betrachten?

Zu sehen, wie aus einer Knospe ein Blatt, dann ein kleiner Zweig, ein Ast und dann ein ganzer Baum entsteht. Wer lenkt dieses Wachsen, wenn nicht Du?

Wer lenkt die Wolken? Wir sagen der Wind. Das mag ja richtig sein. Für mich ist es ein Wunder, dass der Wind auf einmal da ist. Eben war es noch völlig still, kein Blatt regte sich, die Luft war so still, als ob Gott den Atem anhält und dann regt sich auf einmal ein Lüftchen, es wird stärker, gar zum Sturm oder Orkan. Und dann ist es auf einmal wieder still. Dieses mächtige Rauschen ist vorbei. Wenn Gott bei Windstille den Atem anhält, braust er dann bei Sturm auf, so als wolle er auch denen zeigen, dass es ihn gibt, die nicht an ihn glauben.

Ist es nicht wunderschön zu sehen, wie die Natur sich vermehrt. Ich habe da diesen Kobel mit meinen Eichhörnchen in Erinnerung. Eigentlich waren es drei Nester. Eines diente der Aufzucht, eines war zum

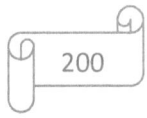

Schlafen da und das dritte für die Ruhe im Schatten, wenn es zu heiß war. In einem der Jahre brachte ein Weibchen fünf Junge zur Welt. Mein Gott, wie niedlich die waren. Ich konnte mit meinem sehr guten Teleobjektiv genau in das Nest sehen. Die kleinen braunen Ballen lagen erst blind da, doch wie schnell wuchsen sie heran. Und schon nach ein paar Wochen wagten sie einen Blick aus dem Nest. Es ging alles viel zu schnell. Eines, ich hatte es Phippsy genannt, war so zutraulich, dass es sogar auf meinen Balkon kletterte und sich Brotkrumen holte, die ich dort deponierte.

Aber ich denke auch an die Wunder der Natur, die Du, lieber Gott, geschaffen hast, an denen so achtlos vorbeigegangen wird. Da gibt es unten eine Hecke, auf der sind ganz feine Spinnennetze, die man nicht sieht, wenn die Luft trocken ist. Doch am Morgen, am frühen Morgen, wenn winzigste Tautropfen darauf hängen bleiben, dann sieht es aus, als sei ein Schleier voller Diamanten über das Grün der Hecke gelegt worden. Es ist so fein, so systematisch gebaut und die Schwere der Tautropfen zerstört sie trotzdem nicht.

Herr mein Gott, ich denke die Felder in meinem Blick, den Kreislauf vom Korn zum Halm, zur Ähre, zum Mehl zum Brot. Danke für diesen Kreislauf. Danke, dass ich bis jetzt immer genug zu essen hatte.

Herr, wenn ich genau hinsehe, entdecke ich immer wieder neue Wunder. Muscheln im Stein, den Bernstein im Meer, die Vögel, Fische und andere Tiere. Und die Menschen, die nicht nur ein Wunder sind, sondern auch oft verwundern. Sie haben so wunderbare Fähigkeiten, die sie oft nicht einsetzen, dabei könnten sie damit oft Wunder bewirken. Mit Gesang, mit Schauspiel, mit Vorlesen, mit Zuhören.

Mein Gott und Herr der Wunder. Wunder kommen zu denen, die sie nicht erwarten, aber daran glauben.

Lass mich weiter daran glauben.

Amen.

Ein Einfach-nur-so-Gebet

Lieber Gott,

Schöpfer des Himmels und der Erde,

eigentlich habe ich gar keinen Grund zu beten.

Aber gibt es das? Keinen Grund haben?

Ich muss mich doch nur umschauen.

Die schöne Natur,

das schöne Wetter,

mir geht es gut,

dort sind fröhliche Kinder,

da geht ein glückliches altes Ehepaar,

wir haben bei uns Frieden.

Wenn das nicht schon Gründe genug sind?

Lieber Gott,

so ist es ein einfach-nur-so-Gebet geworden.

Danke liebe Gott.

Amen

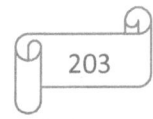

Steine

Herr, manchmal habe ich das Gefühl, Du hast meinen
Weg nicht mit Steinen gepflastert, ich glaube, Du
hast mir Steine in den Weg gelegt.

Warum, frage ich mich?

Damit ich nicht blind einfach draufloslaufe?

Damit ich auf meinen Weg achte, den ich gehen muss?

Damit ich auch kleine Hindernisse sehe und erkenne?

Damit ich sehe, dass kein Weg glatt und eben ist?

Herr, jetzt verstehe ich die Steine, die Du mir in den
Weg gelegt hast.

Amen

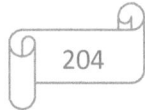

Gebet zum Urlaubsbeginn

Lieber Gott,

heute ist der erste Urlaubstag. Es ist alles gepackt und gleich soll es losgehen. Es sollen die schönsten Wochen des Jahres werden.

Danke, dass wir es wieder einmal geschafft haben.

Alles ist versorgt und die Nachbarin schaut nach, ob alles in Ordnung ist.

Die Zeitung ist abbestellt.

Wir wollen mit den zwei Kindern an die See fahren. Fünf Stunden, wenn kein Stau ist. Wir haben zwei Zimmer bei einer Familie bestellt. Noch kennen wir die Familie nicht, aber im Internet sah alles sehr schön aus. Zum Strand sollen es fünf Minuten zu Fuß sein.

Wir freuen uns und die Kinder sind schon ganz nervös.

Lieber Gott, früher konnte ich gut Sandburgen bauen. Hoffentlich kann ich es noch immer. Ich will doch die Kinder nicht enttäuschen.

Mit dem Dorfkrug haben wir ein Abkommen geschlossen. Dort bekommen wir unser Abendessen.

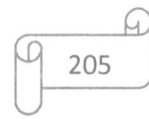

Frühstück müssen wir uns selbst besorgen. Das geht aber. Ein Bäcker soll gleich um die Ecke sein. Da können wir ja Brötchen kaufen, wenn wir zum Strand gehen.

Wir haben alle Koffer im Auto. Getränke in der Kühltasche.

Jetzt soll es losgehen.

Lieber Gott, wir bitten Dich um Deinen Segen und Schutz.

Gib uns Frieden und auch schönes Wetter.

Danke und Amen.

Einmal Danke

Herr und mein Gott,

Du hast die Vögel und den Wind geschaffen.

Du hast die Blumen und den Duft geschaffen.

Du hast das Meer und die Wellen geschaffen.

Du hast die Tiere und Pflanzen geschaffen.

Du hast alles so wunderbar durchdacht.

Dafür wollte ich einfach nur einmal „Danke" sagen.

Ich, den Du auch geschaffen hast.

Amen

Gebet zum Mittagessen

Lieber Gott im Himmel,

wie glücklich können wir sein, dass wir heute wieder Essen auf dem Tisch stehen haben. Du hast uns in eine gute Zeit, eine gute Umgebung und eine gute Familie leben lassen. Dafür danken wir Dir.

Wir bitten Dich für die Menschen, denen es nicht so gut geht, dass auch sie ausreichend zu essen haben.

Wir bitten Dich für die Menschen, die in Krisengebieten leben, dass sie wissen, was sie heute und morgen essen dürfen.

Wir bitten Dich für die Armen, dass es genug Menschen gibt, die ihnen helfen.,

Danke lieber Gott, dass es uns so gut geht.

Danke lieber Gott, für die Menschen, die diese Mahlzeit mit vorbereitet haben.

Die Bauern, die Verkäufer, die Köche, die Familienmitglieder.

Danke lieber Gott, Amen.

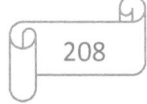

Morgen

Diese Nacht habe ich wieder einmal gut überstanden,

dafür danke ich Dir mein Gott.

Mich haben keine Albträume geplagt,

keine Sorgen haben den Schlaf geraubt

und wenn ich geträumt habe, dann nichts, was mich belastet.

Ich fühle mich entspannt und ausgeschlafen.

Vielen Dank dafür, mein Herr.

Ich bitte Dich, lass diesen Tag auch gut werden.

Ich werde mein Bestes tun, damit es so wird.

Lass mich zufrieden sein mit meiner Arbeit

und der Freizeit, die ich ja auch zwischendurch einmal habe.

Lass mich etwas Gutes tun, und wenn es nur etwas ganz Kleines ist,

denn aus kleinen Dingen können oft große Freundschaften werden.

Herr, gib anderen auch die Gnade, friedlich zu leben und miteinander auszukommen.

Vielen Dank, mein Herr und Gott.

Amen

Donnerstagsgebet

Lieber Herr und Gott aller Zeiten,

heute ist Donnerstag, ein schöner Tag,

wir hatten einen blauen Himmel und eine grüne Erde,

die Arbeit ging mit von der Hand, als sei sie gar nicht schwer.

Ich habe nette Menschen getroffen,

habe Entscheidungen treffen können,

von denen ich wusste, dass sie richtig sind

und ich habe einen lieben Menschen nach langer Zeit wiedergesehen.

Wir haben uns gut unterhalten und festgestellt,

dass es uns gut geht.

Die Zeit ist wie im Fluge vergangen.

Heute war ein schöner Tag,

ohne Donner, wie der Name es sonst sagt.

Dafür danke ich Dir.

Amen

Gebet eines Soldaten

Großer Gott im Himmel,

Lenker von Denken und Gedanken,

ich habe den Auftrag die Grenze zu verteidigen.

Eine Grenze, die willkürlich von Menschen gesetzt wurde.

Wie oft hat dieses Gebiet schon seinen Herrn gewechselt?

Einen Herrn, der sich größer als Gott fühlt.

Drüben leben Menschen, die nicht anders sind als wir hier.

Menschen die vielleicht auch schon seit Generationen dort sind.

Menschen, die Gut und Böse sind wie wir.

Auch sie glauben an Dich,

auch Sie bitten Dich um Deine Hilfe.

Wie paradox ist das denn?

Früher haben sie sogar für ‚Gott, Kaiser und Vaterland' gekämpft.

Für Kaiser und Vaterland kann ich ja verstehen,

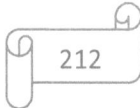

aber Krieg für Gott?

Hast du das wirklich gewollt.

Jetzt sitze ich hier, in einem Büro, mit zwei Kameraden.

Wir sind hier, weil hier eine Grenze ist.

Wie froh bin ich, dass wir seit mehr als sechzig Jahren Frieden haben.

Wie froh bin ich, dass die Kameraden gegenüber Freunde sind.

Wie froh bin ich, dass keine Gefahr besteht, diesen Frieden zu gefährden.

Warum sitze ich dann hier eigentlich?

Nur weil eine Grenze da ist. Eine Grenze von Menschen geschaffen.

Herr, ich bitte Dich, erhalt uns Frieden ewiglich, Herr Gott zu allen Zeiten.

Heißt es nicht so in einem Kirchenlied.

Danke mein Herr und Schöpfer.

Herr über Generale und Staatsmänner.

Lenke unsere Wege weiter so friedlich.

Amen

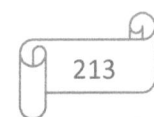

Alleine

Herr, warum muss ich so alleine sein –
trotz der Menschen um mich herum?

Sie sind zwar da, aber doch so fern,
ich kenn sie gar, ich hät' sie gerne
und dennoch sitz ich hier allein,
ich möchte so gern geborgen sein.

Ein Streicheln kurz auf meiner Haut,
Vertrauen, das sich aufgebaut,
ein wenig noch von der Liebe,
ich ihr dann manche Zeile schriebe.

Doch sitz ich hier allein im Raum,
die Liebe, Zweisamkeit ein Traum.
Trotz all der Menschen wird mir klar,
wie lang' ich so alleine war.

Herr, Dich weiß ich wenigstens neben mir,

weiß Dich in meiner Nähe.

Lass mich Dich spüren.

Amen.

Wie schön 2

Welch ein schöner Spätsommertag.

Herr im Himmel,

Schöpfer dieser wunderbaren Natur,

Du, der Du diese Farben an den Himmel gemalt hast,

wie sie kein Künstler auch nur annähernd malen kann,

Du bist es, der mich glücklich macht.

Gott, oh mein Schöpfer,

Herr des Lebens und des Todes,

Dir danke ich, danke ich,

dass ich mich glücklich schätzen darf,

dies alles zu sehen, zu hören, zu riechen und zu
schmecken.

Da weiß ich, dass Du bei mir bist.

Mach mich bitte weiter glücklich

und nicht nur mich.

Danke und Amen.

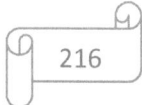

Gebet für ein Neugeborenes

Herr und Schöpfer des Lebens,

Du hast uns ein neues Leben geschenkt,
Ein Kind ist uns geboren.

Es ist gesund, die Mutter hat die Geburt gut überstanden und wir sind alle glücklich.

Neun Monate hatte das Leben Zeit sich zu entwickeln,

wie viele Jahre stehen ihm jetzt bevor.

Gib diesem Kind eine glückliche Zeit,

eine Kindheit in der es in Geborgenheit aufwächst,

eingebettet in die Liebe der Eltern und Familie,

gib ihm eine Schulzeit, die ihn auf das Leben vorbereitet,

welches er als Erwachsener führen wird.

Mit einer Bildung, die es braucht,

mit einer Allgemeinbildung, die nötiger ist, als viele glauben,

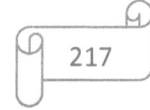

mit einer Zukunft.

Gib ihm ein Erwachsenenleben in Zufriedenheit,

vielleicht mit einem Partner oder einer Partnerin,

bei der es weiß, dass alles was passiert gut ist.

Mit Friedenszeiten, ohne Gefahr durch fremde Menschen,

mit Gesundheit, die so wichtig ist.

Mit dem Glauben und der Begleitung durch Dich.

Herr und Gott, Schöpfer und Lenker,

wir bitten Dich, begleite nicht nur das Kind,

begleite auch uns weiter, denn an Deiner Hand sind wir sicher,

sind wir beschützt und geleitet.

Dafür bitten und danken wir Dir.

Amen

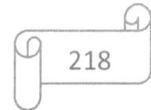

Beethovens Gebet

Gott im Himmel, wenn es Dich gibt,

was ist los. Ich höre meine Umwelt immer weniger.

Manche Menschen kann ich schon gar nicht mehr hören.

Selbst mein Hörrohr hilft mir nicht mehr.

Das macht einsam.

Was mich aber verwundert:

meine Musik höre ich. Ich höre jeden Ton, jede Phrasierung,

jedes Crescendo, jedes einzelne Instrument.

Dabei ist es gleich, ob es ein zarter Geigenstrich ist oder ein Paukenschlag,

gleich ob Flöte oder Posaune. Ich höre jeden Ton.

Warum aber nicht meine Umwelt?

Die Natur hat mir so viel Inspiration gegeben.

Jeder Vogel spielte seine Sinfonie.

Jetzt ist alles tot. Jeder Baum ist tot,

der Rhein, die Donau, das leise Plätschern der kleinen und großen Wellen and die Steine der Ufer, der Ufermauern.

Bei manchen Dingen bin ich auch froh, dass ich sie nicht mehr höre.

Kinderschreie haben mir sogar körperliche Schmerzen gemacht.

Ach, wie gerne hätte ich die heute wieder.

Herr, lass mir wenigstens die Musik.

Danke sagt Dir Ludwig.

Amen

Lebenstage

Lieber Gott, mein ewiger Freund,

Du hast meinem Leben schon viele Tage gegeben, bis jetzt sind es fast 23.000 Tage Leben.

Manche waren es wert, manche hätte ich auch gerne gestrichen, aber das Leben ist eben ein Wechsel und verläuft in Sinuskurven.

Aber ich frage mich immer wieder, wie viel Leben habe ich diesen Tagen gegeben?

Habe ich es immer erkannt, wenn das Leben rief: „Nimm mich wahr"!

Habe ich die Momente gemerkt, die lebenswert waren.

Sicher war jeder Moment lebenswert, aber Du weißt wie ich es meine.

Herr und Gott. Je älter ich werde, umso mehr finde ich diese Momente.

Es sind oft wirklich nur Momente, die es aber wert waren gelebt zu haben.

Dafür danke ich Dir.

Amen

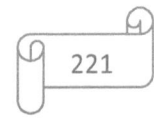

Gebet um Vergebung

Herr du Vergeber,

ich habe gesündigt. Ich sündige ständig.

Damit meine ich nicht, dass ich vielleicht etwas mehr gegessen habe,

als ich eigentlich darf, nein, ich rede falsch Zeugnis, ich begehre Dinge,

die anderen etwas wert sind. Aber ich stehle sie nicht. Ich töte Tiere, denn

eigentlich ist ja selbst eine Fliege, die ich erschlage, ein Opfer, nur weil ich mich

belästigt fühle. Du hast doch auch die Fliegen geschaffen.

Herr und Schöpfer, der Du uns die zehn Gebote gegeben hast.

Kann ich die eigentlich wirklich einhalten?

Wie oft sage ich: „Ach Du lieber Gott" oder „Oh mein Gott" und ich meine Dich gar nicht. Ich soll doch den Namen des Herrn nicht unnützlich führen, denn der Herr wird den nicht ungestraft lassen, der seinen

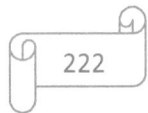

Namen missbraucht. Ist das schon Missbrauch, wenn ich mich so äußere?

Herr, hilf mir möglichst wenig zu sündigen, denn ohne Sünde, das wird ich wohl nie schaffen, selbst wenn ich mir noch so große Mühe gebe.

Danke mein Helfer.

Amen

Gebet eines Torwächters

Herr im Himmel,

den ganzen Tag habe ich jetzt hier Wache gestanden.

Ein Kaufmann hatte berichtet, dass Marodeure unterwegs seien.

Ehemalige Soldaten, die jetzt keinen Herrn mehr haben, der sie lenkt.

Jetzt ziehen sie umher und holen sich, was sie brauchen und wollen.

Wie kann man dieser Plage Herr werden?

Du musst es doch wissen.

Herr, wir haben 30 Jahre Krieg hinter uns. Eine Pestwelle hat uns mehr Bewohner genommen, als dieser vermaledeite Krieg. Wie konnten wir nur so dumm sein und zu streiten und töten, nur weil einer Katholik oder Lutheraner ist? Gut, dass unser Herr und Religionsfreiheit gewährt hat.

Kommt da hinten eine Reiterhorde, oder sind es Kaufleute?

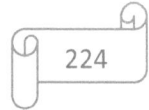

Meine Augen sind müde. Den ganzen Tag habe ich ausgeschaut.

Herr, wenn es die Soldateska ist, dann halte sie bitte fern von uns.

Wenn es Kaufleute sind, dann lenke ihren Weg.

Wir wollen Frieden. Dafür haben wir so lange gebetet und Du hast uns schließlich erhört. Dafür danke ich Dir.

Wenn ich doch nur erkennen könnte, um, wen es sich handelt.

Ich passe jetzt besser auf.

Es sind Kaufleute. Danke Herr.

Amen

Gebet als Reue

Herr der Vergebung,

Du kannst vergeben, Du kannst verzeihen,

die Menschen haben da so ihre Probleme mit.

Ich habe vor ein paar Tagen jemanden ungewollt gekränkt.

Ich wollte es wirklich nicht.

Deshalb habe ich mich auch gleich entschuldigt. Von Herzen.

Doch mein Gegenüber bauschte die ganze Sache auf,

machte aus eine Maus einen Elefanten.

Gut das ich ruhig blieb.

Vielleicht können wir deshalb so schlecht verzeihen,

weil es den Mitmenschen immer schwerer fällt, sich zu entschuldigen.

Vielleicht wünschen sie einem die Hölle, obgleich sie selbst nicht dran glauben, vielleicht würden sie einen gerne im Fegefeuer schmoren lassen, obgleich sie nichts vom Glauben halten.

Vielleicht wünschen sie einen zum Teufel, obgleich sie ihn für ein törichtes Kunstwerk halten, um Kinder zu vergraulen.

Herr, vielleicht waren diese Bilder ganz gut, denn da hatten die Menschen doch Respekt vor.

Wie gut, dass Du erkannt hast, dass meine Entschuldigung von Herzen kam.

Denn Du kannst vergeben – die Menschen nicht so.

Danke.

Amen.

Ein tolles Pfund

"Bitte einmal 250 Gramm Gott, 50 Gramm
Glauben, 100 Gramm Gebete, kann auch was mehr
sein
und, ach ja, 70 Gramm Zuversicht. Ist schon ein
tolles Pfund, dieser Gott.
Ach ja, da fehlen noch 30 Gramm: Die muss ich
selbst mitbringen? Ich werde es versuchen.

Amen

Freitagsgebet

Herr der Zeit,

jetzt ist schon wieder Freitag. Nur wenige Stunden noch, und die Arbeitswoche ist vorbei.

Nur wenige Stunden noch, und ein hoffentlich schönes Wochenende kommt.

Zeit abzuspannen. Zeit sich um Familie und Freunde zu kümmern und Zeit zu sich selbst zu finden.

Diese Woche war voller Arbeit, voller Entscheidungen, aber auch schöner Momente.

Wir haben hier Entscheidungen getroffen, die auch für andere gut sind. So hoffen wir wenigstens. Trotzdem frage ich mich, wo die Zeit geblieben ist.

Herr, mein Leben ist auch wieder um fünf Tage kürzer geworden. Die Sanduhr des Lebens hat wieder ein paar Körner durchgelassen und ich weiß nicht, wie viel Sand noch durchlaufen muss, bis ich sterbe. Dauert es noch lange oder habe ich keine Zeit mehr. Welche Entscheidungen muss ich noch treffen?

Wie gut, dass ich es nicht weiß. Ich weiß aber, dass die Zeit begrenzt ist, deshalb werde ich sie bewusst mehr nutzen. Auch für kleine Dinge, die anderen sinnlos erscheinen, keinen Gewinn bringen, mich und vielleicht andere Menschen glücklich machen.

Danke, dass mir das im Stress noch auffällt.

Amen

Im Himmel

Lieber Gott im Himmel,

wie weit bist Du doch weg.

Wir suchen Dich bei uns und beten Dich nur im Himmel an.

Warum sagen wir nicht:

„Lieber Gott, der Du unter uns bist.?"

Vielleicht weil wir das Elend der Welt kennen und den Frieden und das Vollkommene bei Dir suchen und vermuten?

Ich weiß, was ich in Zukunft sagen werde:

„Lieber Gott, der Du überall zu finden bist, gleich wo wir Dich suchen, brauchen und haben möchten."

Amen

Taufgebet

Herr der Schöpfung,

wir haben ein neues Mitglied in unsere Gemeinde aufgenommen. Es wurde getauft in Deinem Namen.

Gib diesem Menschen Deine ewige Güte.

Wir bitten Dich auch um Deinen Schutz auf all seinen Weg.

Gesundheit ist eines der größten Geschenke, die Du uns gibst.

Lass sie im christlichen Glauben aufwachsen und dabei tolerant bleiben, gegenüber Menschen, die nicht an Dich oder Jesus glauben. Wir wissen, dass auch sie von Dir geschaffen wurden. Das sagen auch andere Weltreligionen.

Wir bitten Dich um einen Frohsinn, denn ein fröhlicher Mensch hat es leichter im Leben.

Wir bitten Dich um Güte für diesen Menschen, denn der Mensch, der gütig ist, versteht es Streit zu vermeiden, kann Streit schlichten und Freundschaften schließen.

Wir bitten Dich auch um Kreativität für diesen Menschen. Ohne Kreativität würden wir heute noch in Höhlen leben.

Und wir bitten Dich um liebe Mitmenschen, die sein Leben begleiten werden.

Danke Herr.

Amen

Kraft

Ich fühle mich schwach, lieber Gott.

Liegt es daran, dass ich so viel gearbeitet habe, in letzter Zeit?

Liegt es daran, dass ich so wenig geschlafen habe, in letzter Zeit?

Liegt es daran, dass ich vergessen habe mir Zeit zu nehmen, in letzter Zeit?

Oder willst Du mich damit daran erinnern, dass ich auch mal Pause machen muss, schlafen muss, Zeit für mich haben muss?

Ich weiß Herr, es ist einfacher für andere da zu sein, als für sich.

Ich weiß Herr, es ist leichter alles auf andere zu schieben, statt auf sich.

Ich weiß Herr, es ist leichter,

ja was ist leichter?

Ich will Dir danken, dass ich es so gut gemeistert habe, meine Arbeit gemacht habe.

Aber bin ich mehr als Du?

Nein, denn auch Du hast am siebten Tag geruht.

Hast gesagt: Du sollst den Feiertag heiligen.

Heute ist auch bei mir der siebte Tag.

Heute werde ich entspannen, nachdenken und Dir dankbar sein, dass Du mich daran erinnert hast.

Danke, lieber Gott.

Amen

Schwer/leicht

Herr, das Leben ist manchmal so schwer,

was kann ich machen, damit es wieder leicht wird?

So leicht wie als Kind, ohne Sorgen, geborgen,

nicht nur in Deinen Armen.

Herr, das Leben manchmal so schwer,

wie finde ich die Erkenntnis, es wieder leichter zu
sehen?

Die Not zwar zu sehen, aber auch den Weg, wie ich
sie lindern kann,

mit Güte, mit Worten, mit Taten,

nicht nur mit Warten auf fremde Hilfe.

Herr, das Leben ist manchmal so schwer,

was kann ich machen, damit es wieder leicht wird?

Mit all den Freuden, die das Leben gibt,

durch Dich.

Herr, das Leben ist manchmal so schwer,

aber es ist viel mehr leicht und gut,

denn Du bist bei mir, bist in mir,

immer in meiner Nähe.

Danke, dass ich es immer wieder spüre.

Amen.

Zweifel

Kannst Du mir noch einmal verzeihen,

wie schon so oft,

dass ich an Dir gezweifelt habe.

Heute war die Zeitung wieder voll von Schreckensmeldungen:

Mord, Totschlag, Entführungen, Unfälle, Niedertracht,

drei Seiten lang keine positive Meldung, sogar der DAX war gefallen.

Willst Du uns damit zeigen, wie gut es uns geht, wenn wir nicht selbst davon betroffen sind?

Willst Du uns damit zwingen, wieder vorsichtiger zu sein, mit Vertrauen, dem Umgang mit anderen Menschen, mit den Ressourcen und dem Vermögen?

Kann es sein, Gott, Herr des Schicksals und Lenker der Welt, dass Du so etwas machst, damit wir besser werden.

Oder sind Sodom und Gomorrha wieder nah?

Ich kann kaum glauben, dass ein Vierzehnjähriger sterben muss,

weil die Bahn ihn erfasst hat, nur damit wir anderen vorsichtiger werden, da gibt es doch andere Erziehungsmittel.

Ich kann es kaum glauben, dass eine Entführung keine Narben hinterlässt beim Opfer, dass Niedertracht nicht immer im Menschen steckt.

Und dann sehe ich da die kleine Randnotiz von den kleinen Enten im Gullyschacht, die von einem Kind entdeckt wurden und von einem Arbeiter dann gerettet wurden.

Ist das Dein Zeichen?

Bitte gib mir klarere, erkennbare Zeichen, denn ich glaube an Dich, an Deine Güte und Gnade, die ich aber auch gerne wiederentdecken möchte.

Amen

Herbstdank

Lieber Gott, wir hatten ein gutes Jahr.

Jedenfalls bei uns.

Andere wurden von Hochwasser getroffen,

mussten Trockenheiten überstehen,

haben gegen Feuer und Erdbeben gekämpft.

Doch bei uns war es ruhig und schön.

Wir hatten Tage, die dadurch gemütlich wurden,

weil sie uns einluden mal wieder ein Buch zu lesen.

Wir hatten Tage, die uns und den Wein mit Sonne
verwöhnten.

Auch die Bauern haben die Frucht eingefahren.

Gute Frucht, bei gutem Wetter.

Die Bäume waren und sind voller Obst,

genug, um auch abgeben zu können.

Lieber Gott, der Du auch Herr über Sonne, Wind, Regen und Wolken bist.

es ist recht zu sagen: Was Gott tut, das ist wohlgetan.

Lass uns auch den Rest des Jahres zufrieden sein und

gib uns die Chance auch Gutes zu tun.

Amen

Ein Lachen ist verloschen

Lieber Gott, manchmal verstehen wir Deine Wege nicht.

Manchmal verstehen wir Dein Handeln nicht.

Manchmal verstehen wir gar nichts mehr.

Da war ein Lachen,

welches für jeden der ihn kannte,

ansteckend war.

Ein fröhliches Lachen,

so plötzlich es kam,

so keckernd es war,

so plötzlich hörte es wieder auf.

Der Mensch dazu steckte auch an,

er war korrekt wie seine Fliege, die er gerne trug.

Er war hochgebildet, wie man leicht merken konnte

Er war sicher auch manchmal alleine,

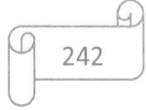

wie er oft wirkte.

Aber er war einzigartig.

Und er war einer von uns.

Nicht wegzudenken, doch jetzt weggegangen.

Seine letzten Gedanken waren sicher bei Dir, oh Herr.

Nimm ihn auf in Deinen Mantel der Liebe.

Nimm diesen Menschen auf in Deine Gnade.

Nimm ihn zu Dir und gib uns die Erinnerung an ihn.

Und wenn Du im Himmel eine Engelzählung machen musst,

er wird Dir gerne helfen und dabei so korrekt sein wie hier.

Wir haben einen Menschen verloren und einen Engel gewonnen.

Gott schütze ihm auf den Weg in die Ewigkeit.

Amen

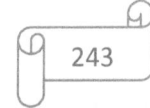

E Kölsch Gebedd mit Simultanübersetzung 2

Herr, minge Gott. Wat is der Minsch? Halv Dier, halv Engel. Soll mer Gott – oder an ihn gläuve?

Isch sage: Gebore wees de, ävver Minsch wääde muss de selver, denn Du wills doch nit, dat mer denke: Goddes Sündefall is de Welt.

Herr, wemm Gott en Amp gitt, däm gitt hä och Verstand.

Un der Minsch ihrt et Amp, nit et Amp der Minsch.

Schwaade kütt vun Natur, ävver de Muul halde vum Verstand.

Dröm gläuv nit alles, war do hürs, sag nit alles, wat do weiß, dun nit alles, wat do mags. Loss jeder, wie hä is, dann blievs do, wat do bes.

Denn, wä huh klimmp, fällt deef.

Mer kann unserem Herrgott wall jet avbedde, ävver nix avnemme.

Wat Gott deit, dat es god gedon. Und Gott geiht noh däm, dä bei In kütt.

Lang Prädige mache leer Bänk. Drumm hör ich op.

Amen.

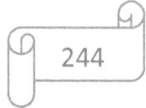

Übersetzung

Herr, oh mein Gott: Was ist der Mensch? Halb Tier, halb Engel.

Soll man Gott- oder an ihn glauben?

Ich sage mal: Geboren wirst du, aber Mensch werden musst du selbst, denn, Du willst doch nicht, dass wir denken: Gottes Sündenfall ist die Welt.

Wem Gott ein Amt gibt, dem gibt er auch Verstand. Und der Mensch ehrt das Amt, nicht das Amt den Menschen.

Reden kommt von Natur, Schweigen vom Verstand. Darum glaub nicht alles, was du hörst, sag nicht alles, was du weißt, tu nicht alles, was du magst. Lass jeden, wie er ist, dann bleibst du, was du bist.

Denn, wer hoch klettert, fällt tief.

Man kann unserem Herrgott wohl etwas abbitten, aber nichts abnehmen. Was Gott tut, das ist wohl getan. Und Gott geht zu dem, der zu Ihm kommt.

Lange Predigen machen die Bänke leer, deshalb höre ich jetzt auf. Amen.

Fehler hinterlassen

Herr, Fehler sind Spuren, die das Leben von uns hinterlässt.

Fehler sind aber nicht immer falsch.

Fehler sind doch Deine Fibel, in der Du uns die Erkenntnis schreibst,

wie wir richtig zu tun und handeln haben.

Fehler zu machen ist nicht schwer,

daraus zu lernen auch nicht.

Aber Fehler immer wieder zu machen,

das ist so, als hätten wir aus Deiner Fibel nichts gelernt.

Lass mich bitte wissen, wann ich einen Fehler gemacht habe,

dann weiß ich auch, wie ich daraus lernen kann.

Und sei kein zu strenger Lehrer, der seine Schüler straft,

wenn sie fehl gingen.

Mit Deiner Güte lerne ich aus dem Falschen.

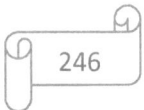

Dank Deiner Gnade habe ich bis jetzt keinen Schaden gefunden.

Deine schützende Hand hältst Du über mich, damit ich bei großen Fehlern schnell einen Schritt zurückgehen kann.

Dafür danke ich Dir, mein Gott und Herr.

Amen

Was für ein Tag

Heute war ein wunderschöner Tag.

Dafür möchte ich Dir danken.

Als Herr über die Natur hast Du heute alle Register gezogen,

wenn ich es so salopp sagen darf.

Die Sonne schien und ließ alle Farben erglühen,

dann wehte eine leichte Brise und ließ diese Farben tanzen.

Ich begegnete nur netten Menschen, die alle fröhlich schienen.

Ich hatte genug zu essen, was ja nicht selbstverständlich für alle Menschen ist.

Die Arbeit machte mir Freude und ich konnte jemandem helfen.

Lieber Gott: Was für ein Tag!

Amen

Wunderbar

Heute hatte ich einen guten Tag,

mir ging es gesundheitlich gut.

Ich hatte Ideen.

Ich war glücklich.

Und ich habe nur positive Gedanken gehabt.

Wunderbar.

Hoffentlich gibt es noch viele solche Tage.

Dafür danke ich Dir mein Gott.

Amen

Lachgebet

Herr, Du hast uns das Lachen geschenkt.

Lachen ist gesund, macht freundlich und ist fröhlichkeitsansteckend.

Es ist auch so vielfältig.

Da gibt es dieses Glucksenlachen, an gurrende Tauben erinnernd.

Dieses Stakatolachen, mit diesen plötzlichen Pausen dazwischen.

Aber es gibt ja auch dieses Lachen aus Schadenfreude, Lachen zum Schaden des anderen. Das finde ich nicht gut.

Genau wie das Hohnlachen. Jemanden verhöhnen ist ja auch nicht richtig.

Umso schöner ist das Kitzellachen. Dieses nicht aufhören wollen vor Freude,

bis die Tränen kommen oder dieser Bauchschmerz, der eigentlich gar kein Schmerz ist. Man hält sich eben den Bauch vor Lachen. Dabei ist das eigentlich ein Zeichen

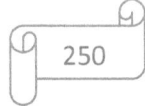

dafür, dass wir viel zu wenig lachen, denn sonst wären diese Muskeln ja mehr trainiert.

Das schönste und wohl auf häufigste Lachen ist sicher das Lachen aus Freude.

Freude mit Freunden. Freude, weil etwas schön ist. Freude, weil es mir gut geht.

Danke lieber Gott. Lass mich noch oft selbst lachen und Lachen hören.

Amen

Gebet nach einer Krankheit

Herr über Tod und Leben,

Du hast mich wieder gesund gemacht. Sicher hast du Deine Finger mit im Spiel gehabt, auch wenn die Ärzte meinen, sie hätten mehr daran getan.

Wie oft sagen Sie aber: „Sie haben daran geglaubt, dass Sie wieder gesund werden und das war die beste Medizin."

Ich habe daran geglaubt, ja. Ich habe aber auch an Deine Hilfe geglaubt und jetzt bin ich wieder gesund.

Danke Herr, danke für den Glauben, den Du mir gibst. Danke auch den Ärzten, die mir diesen Glauben auch lassen.

Herr über Tod und Leben, ich danke Dir.

Amen

Gebet vor einer Hochzeit

Herr, der Du Mann und Frau geschaffen hast,

Herr der Liebe,

Herr des Vertrauens,

Du hast uns zwei Menschen zusammengeführt,

Du hast gewollt, dass wir uns treffen.

Wir bitten Dich unsere Gemeinschaft zu segnen und
zu schützen.

Wir trauen uns ‚Ja' zu sagen. ‚Ja' zueinander,

denn wir sind davon überzeugt, dass wir uns lieben.

Das fühlen wir in uns.

Wir bitten Dich unser Vertrauen zu stärken,

daran zu glauben, dass der eine dem anderen
vertrauen kann,

dass er weiß, was immer er macht, es ist gut für uns.

Herr und Schöpfer,

wir bitten Dich auch um gesunde Kinder, wenn wir es
möchten.

Wir bitten Dich uns auch durch schwere Zeiten zu begleiten, bei uns zu sein, auch als Stütze. Die werden wir dann brauchen.

Herr segne unsere Gemeinschaft und alle Menschen, die zu uns gehören.

Dafür danken wir Dir.

Amen

So kurz, so lang

Jeder Augenblick oh Herr

ist so kurz,

ist so lang,

wie Du es bestimmst.

Danke, oh mein Gott,

dass wir darauf noch keinen Einfluss haben.

Amen

Gebet während eines Gewitters

Herr der Schöpfung,

draußen tobt der Himmel. Es ist dunkel wie in der frühen Nacht,

dabei haben wir Mittag.

Vor einer Stunde kamen Wolken auf. Der blaue Himmel wurde grau, weiß, mit Wolken gefüllt. Es ging sehr schnell. Die Wolken schienen sich aufzublähen, dann zuckten die ersten Blitze. Von weitem hörte man ein Grollen. Dann wurde der Zeitraum zwischen den Blitzen immer kürzer, das Grollen kam näher.

Kein Tropfen Regen fällt.

Die Luft scheint zu kochen, so sieht es am Himmel aus.

Jetzt blitzt es im Sekundenrhythmus, mitunter mehrere Blitze zusammen. Er ist beunruhigend und fantastisch anzusehen. Ich kann jeden verstehen, der Angst bei Gewitter hat. Ich kann nicht mehr sagen, welcher Blitz und welcher Donner zusammenpasst. Es geht ineinander über. Das Gewitter ist genau über uns. Ich bin neugierig. Gehe auf den Balkon, hoffentlich geschützt von Mauern und Blitzableitern, Bäumen und den vielen Metallgeländern an den Balkonen. Es ist eine grandiose Aufführung der Natur.

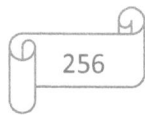

Plötzlich schlägt ein Blitz irgendwo in der Nähe ein. Ich zucke zusammen, denn der Balkon bebt von dem Donnerschlag. Wie angewurzelt sitze ich auf meinem Stuhl aus Holz. Das war heftig.

Lieber Gott, ist so das Ende der Welt?

Lässt Du so die Erde einmal untergehen, mit Hilfe von Blitz und Donner?

Nach diesem Schlag zuckt es nur noch wenige Male, dann ist es vorbei.

Der Himmel reißt auch wieder auf, dort oben scheint Wind zu sein, denn die Wolken lösen sich sehr schnell auf. Kurze Zeit später ist es wieder blau am Himmel. Ein paar kleine weiße Wolken sind noch dort. Verharren im Blau.

Herr der Schöpfung, danke, dass ich das erleben durfte.

Danke, dass mir nichts passiert ist. Danke für die Mahnung, dass es größeres gibt als uns Menschen, dass es etwas gibt, was wir nicht im Griff haben, dass uns Menschen wieder herunter holt. Dort wo wir hingehören, auf den Boden der Tatsachen.

Danke Herr.

Amen

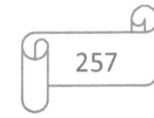

Gebet eines Ehemanns

Herr, ich dachte immer Mann und Frau seien bei uns gleichberechtigt.

Hast Du uns nicht zu Deinem Ebenbild gemacht.

Aber Mann und Frau sind nicht gleichberechtigt.

Männer haben immer das letzte Wort:

„Jawohl Liebling!", dachte ich, aber dem ist nicht so.

Meine Frau meint danach immer: „Wie meinst Du das?"

und schon diskutieren wir immer.

Oder Fernsehen. Ich gebe ja schon immer nach, lasse sogar den Fußball wegschalten, wenn gerade irgendwo ein Bericht über ‚Shopping' läuft.

Den muss ich mir dann mit Begeisterung ansehen, denn sonst lautet die Frage:

„Schatz liebst Du mich nicht mehr?" Natürlich liebe ich meine Frau, lieber Gott, aber Shoppingsendungen sind nun mal nicht mein Genre.

Oder Küche. Ich koche auch gerne. Leider meint meine Frau immer mitreden zu müssen und dann schmeckt wieder alles so, wie bei meiner Schwiegermutter.

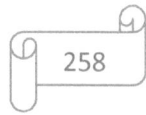

Ich spiele auch mit den Kindern, mit den Jungen Fußball und dem Mädchen Kaufladen. Da bekomme ich aber keine Rasierklingen und After Shave. Wie soll ich das meiner Tochter erklären, dass ein Mann so etwas braucht, wenn Kenn und Barbie so etwas nicht brauchen?

Lieber Gott, ich bin hoffentlich ein guter Vater, lese gerne Märchen vor, aber Schlaflieder singen ist nicht meine Stärke.

Jetzt bin ich müde. Komme vom Job, vom Meeting, von der Planungssitzung und meine Frau will einen Frauenabend machen, mit Tupperwareverkauf.

Jawohl Liebling, ich passe auf die Kleinen auf. Wir schauen uns Fußball an. Frauenfußball. Die spielen eh besser.

Amen.

Gebet für ein Verkehrsopfer

Herr über Tod und Leben,

wieder einmal hat ein Schutzengel versagt.

Der junge Mann wurde von einem Auto erfasst und
schwer verletzt.

Er war vorsichtig, konnte nicht ahnen, dass ein
rücksichtsloser, betrunkener Menschen sein Leben so
plötzlich und dramatisch verändern wird.

Die Ärzte kämpfen um sein Leben.

Bitte hilf den Ärzten und dem jungen Mann.

Er kam aus der Bäckerei, holte für sich und seine
kleine Familie Brot, kurz vor Feierabend.

Der betrunkene Autofahrer fuhr viel zu schnell,
schoss um die Kurve und hat ihn erfasst.

Wird er überleben? Wir bitten Dich darum.

Wird er bleibende Schäden haben. Sicher, die Ärzte
haben es schon gesagt. Er wird im Rollstuhl sitzen
bleiben. Hilf ihm wieder Mut zu finden, sein weiteres
Leben wieder in den Griff zu bekommen.

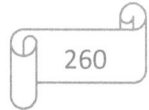

Wird seine junge Frau zu ihm halten. Herr, zeige, wie stark die Liebe sein kann. Du kannst die Weichen dafür stellen.

Herr, wir bitten Dich um Deine Gnade und Güte.

Unschuldig verletzt, um sein Leben kämpfend.

Gib ihm Deine Stärke. Du kannst es.

Amen.

Gebet einer alten Frau

Herr im Himmel,

wie oft habe ich diesen Satz in meinem Leben gesagt.

Meist leicht klagend, aber nie zweifelnd.

Ich erinnere mich noch als Kind, als ich erfuhr, dass man Deinen Sohn an ein Kreuz genagelt hat. Ich fand das sehr schlimm.

Nicht verstanden habe ich damals, dass ich Das Kruzifix meiner Großmutter nicht mit in mein Bett nehmen durfte. Wie meine Lieblingspuppe. Ich wollte doch den armen Jesus nur trösten und sehen, dass es ihm gut geht, wenn ich ihn pflege. Die Wiederauferstehung habe ich damals noch nicht verstanden.

Herr im Himmel habe ich auch gesagt, als der Lehrer mich an den Zöpfen zog, weil ich irgendwas gesagt hatte, was man nicht sagen durfte. Damit er mich nicht noch einmal an den Zöpfen ziehen konnte. habe ich zuhause die Zöpfe mit der Schere abgeschnitten. Meine Mutter hat den Satz sicher auch gesagt.

Meinen ersten Liebeskummer hat dieser Satz auch begleitet und staunend habe ich ihn ausgesprochen, als

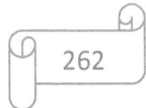

ich den Mann meines Lebens traf. Ich traf ihn und er mich wie ein Blitz, so kam es mit vor.

Die erste Geburt, dieses Wunder der Natur und die drei anderen auch. Wie glücklich war ich. Wie oft ich den Satz in der Erziehungszeit dieser Kinder gesagt habe, bleibt wohl ungezählt.

Dann, als mein Mann starb, so plötzlich, wollte ich nicht an Dich glauben, doch der Glaube hat mich wieder eingefangen. Es hat alles seinen Sinn, hat mein Mann doch immer gesagt, auch der Tod.

Jetzt bin ich alt, oft allein, aber immer mit Dir zusammen und dafür danke ich Dir, Herr im Himmel.

Amen

Gebet eines Bauern

Herr im Himmel,

unser tägliches Brot gib uns heute. So beten die Menschen und ich auch.

Dafür pflanze ich das Getreide. Wie viel Arbeit in einem solchen Brot steckt, ahnt wohl niemand.

Wir müssen bei Sonne und Regen, bei Hitze und Kälte auf die Felder.

Wir hoffen, dass das Wetter das Korn aufgehen lässt.

Wir hoffen, dass kein Mutterkorn unser Feld befällt.

Bei jedem Sturm und Unwetter sehen wir hinterher nach, ob die Felder flach liegen.

Hätten wir doch nur gestern gemäht.

Vor einigen Jahren haben Unmengen von Vögeln die halbe Saat aufgefressen.

Wir konnten nichts machen. Die halbe Ernte war dahin.

Ein Jahr später war der Sommer so nass, dass uns das Getreide am Halm faulte.

Woher sollten wir jetzt Korn und Stroh nehmen. Alles verdorben.

Herr im Himmel, ich bitte Dich, lass dieses Jahr wieder ein gutes Jahr werden. Es geht ja nicht nur um mich, doch wenn ich kein Getreide ernten kann, dann hungern auch andere Mitmenschen. Lass es bitte gut werden.

Dafür danke ich Dir.

Amen

Reformen

Herr, heute ist Reformationstag.

Lass auch mich in meinem Leben einige Dinge reformieren.

Es gibt so viele Dinge, die ich immer schon machen wollte,

die ich aber nie wirklich gemacht habe.

Gib mir bitte die Kraft, diese Dinge endlich in Angriff zu nehmen,

und sie auch durchzuhalten.

Es gibt so viele Vorurteile, die ich habe,

von denen ich weiß, dass sie nicht richtig sind.

Gib mir bitte die Einsicht, diese Vorurteile auszuräumen,

und mir eine richtige Meinung zu machen.

Es gibt so viele Möglichkeiten anderen zu helfen,

die ich vielleicht sehe, aber an denen ich vorbeisehe,

Gib mir die Stärke einfach anzupacken, freundlich zu sein,

und dem anderen einfach beizustehen.

Herr, mein Gott, ob ich diese Reformationen bei mir durchführe liegt an mir.

Mit Deiner Hilfe werde ich es schaffen.

Dafür danke ich Dir.

Amen

Zum Totensonntag

Herr Jesus Christus,

Du bist nicht wie ein Held gestorben,

Du hattest Angst.

Du hast geschrien,

geschwitzt vor Angst.

In Deiner Angst

hast Du gebetet:

„Vater, wenn es möglich ist,

dann lass diesen Krug an mir vorübergehen."

In Deiner Verzweiflung

hast Du geschrien:

„Mein Gott, mein Gott,

warum hast Du mich verlassen?"

Diese Worte, Herr,

mach Dich so menschlich

und sagen mit mehr,

als alles, was je über Dich geschrieben wurde.

Amen

Gebet eines Vergessenen, Verzweifelten

Herr meines Volkes, Gott im Himmel,

weißt Du eigentlich, wie schwer Du es mir als Mensch machst, an Dich zu glauben?

Manchmal habe ich das Gefühl, es wäre einfacher in meinem Leben gewesen, nichts von Dir gehört zu haben. Von dem Gott der Güte, der Liebe, des Vertrauens.

Ich kenne nur den Gott der Rache, der Vernichtung, der Ungerechtigkeit.

Oder wie soll ich mir die Welt sonst erklären?

Da gibt es im Alten Testament, dem Teil, dem Juden, Christen und Moslems gleich folgen, so viele Beispiele, die mich traurig stimmen.

Die Rache zum Beispiel wird bei Mose richtig groß geschrieben.

Im 2. Buch im Kapitel 21, Vers 24 sagst Du: Auge um Auge, Zahn um Zahn, Hand um Hand, Fuß um Fuß.

Im 3. Buch Mose Kapitel 24, Vers 20 wiederholst Du es, verstärkst es noch einmal: Schaden um Schaden, Auge um Auge, Zahn und Zahn; wie er einen Menschen verletzt hat, so soll man ihm auch tun.

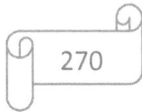

Und dann beten wir um Frieden im Nahen Osten. Mit welcher Berechtigung? Wo Du uns geboten hast zurückzuschlagen.

Im 5. Buch Mose, Kapitel 32, Vers 35 sagst Du sogar: Die Rache ist mein.

Herr der Güte, Gnade und Liebe, Herr des Verzeihens. Bist Du das wirklich?

Wenn Du im 3. Buch Mose, Kapitel 26, Vers 33 sagst: Euch aber will ich unter die Völker zerstreuen und mit gezücktem Schwert hinter euch her sein, dass euer Land wüst sein und eure Städte zerstört.

Ich möchte lieber fröhlich sein, als um Tote und sinnlos verstümmelte Menschen trauern und dann steht bei den Predigern Kapitel 7, Vers 3 Trauern ist besser als Lachen; denn durch Trauern wird das Herz gebessert.

Herr, hilf mir Zweifler, gib mir bessere Beispiele, oder stimmt die alte Journalistenweisheit schon im Alten Testament: Das Gute verkauft sich nicht gut.?

Herr, ich würde ja so gerne mein Schicksal in Deine Hände legen, aber Du machst es uns wirklich schwer, da darfst Du mir mal glauben.

Gib der Welt doch Zeichen der Liebe, der Hoffnung, des Friedens. Amen

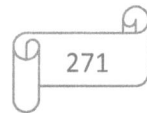

Gebet um Regen

Herr im Himmel, Regler unserer Naturgewalten,

seit Monaten schon hat es nicht mehr geregnet.

Ja, ich weiß, wir wohnen am Rande der Wüste,

aber am Rande, nicht in der Wüste.

Was wird mit der Baumwolle, wenn es nicht regnen wird?

Was wird mit den Bäumen, die ich gepflanzt habe,

um die Ausdehnung der Wüste zu verhindern.

Herr im Himmel, schicke uns bitte Regen.

Nicht so viel, dass alles weggeschwemmt wird,

nicht so wenig, dass es schon einen Meter über der Erde verdampft.

Wir warten alle auf Wasser.

Pflanzen, Tiere und Menschen.

Danke Herr, wir vertrauen Dir.

Amen

Nebelschwaden

Herr,

ich liebe den Nebel, denn er deckt alle Unterschiede
zu.

Unterschiede, die die Menschen oft selbst schaffen.

Herr,

Du siehst heute hier Männer und Frauen versammelt,

Menschen, die miteinander heute in Deinem Namen
versammelt sind.

Menschen, die vor Dir alle gleich sind.

Wir haben alle schon einmal gegen eines Deiner zehn
Gebote verstoßen.

das macht uns wieder alle gleich.

Und dennoch sind wir alle meilenweit voneinander
entfernt.

Uns trennen seelische Mauern, symbolische Mauern,
wirkliche Mauern.

Was wissen wir von den Menschen auf der anderen
Seite der Mauer?

Was wissen wir denn von uns?

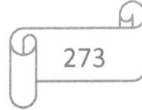

Herr, hilf uns,

dass wir die Mauern wenigstens in dieser Stunde vergessen.

Hilf uns Herr,

einander näher zu kommen,

auch wenn es im Augenblick nur oberflächlich erscheint. Wenn nur bei zwei Menschen mehr daraus wird, hast Du uns gezeigt, dass Gott die Menschen einen kann, trotz gegenseitigem Misstrauen.

Gib uns deshalb Vertrauen.

Herr,

ich weiß, jede Hilfsbereitschaft hat auch mal ein Ende,

was ihr jedoch oft fehlt ist der Anfang. Gib ihn uns bitte.

Hilf uns Herr, dass wir uns nicht nur aus Heuchelei eine heile Welt basteln.

Nur durch die Wahrheit und das Vertrauen zueinander können wir uns finden. Lenk e uns bitte.

Herr,

hilf uns die Kraft aufzubringen, uns gegenseitig zu vertrauen.

Herr,

lass uns Seele spüren und erkennen.

Herr,

wir danken Dir, dass Du uns hier zusammengeführt hast, hier wo Dein Wort uns alle gleich macht.- Männer und Frauen, Gläubige und Ungläubige, Neugierige und Distanzierte.

Herr, ich danke Dir

Amen

Schönheit

Lieber Gott, ich danke Dir für die Schönheit des Herbstes, des Spätherbstes.

Die letzten Blätter klammern sich noch an die Bäume,

die Rosen zieren sich, versuchen aber noch die letzten Blüten aufgehen zu lassen,

die Zugvögel sind auf dem Weg und zeigen uns, mit welcher Präzession sie in

V-Form fliegen können.

Tautropfen versuchen den Kampf gegen die Sonne zu gewinnen,

denn sonst tropfen sie, immer schwerer werdend, auf den Boden.

Es tauchen Vögel auf, die mich mit ihrem Farbspiel verzaubern.

Ich habe das erste Mal einen Eisvogel gesehen. Welch eine Schönheit.

Herr, ich danke Dir, dass Du mir die Augen gibst, dies zu sehen und das Gehirn dies zu verarbeiten und die Seele um es in Fantasie umzusetzen.

Danke, lieber Gott. Amen

Vergessen

Herr, manchmal glaube ich, Du hast die Welt vergessen.

Nimm mir die Kritik nicht übel, aber wenn ich so sehe, wie es hier bei uns aussieht, dann hast Du uns entweder vergessen oder verlassen.

Überall gibt es Katastrophen.

Überschwemmungen, Dürre, Stürme und Vulkanausbrüche.

Überall gibt es Kriege, offizielle und nicht offizielle.

Warum das alles, frage ich mich.

Wenn Du uns vernichten willst, dann mach es doch richtig.

Aber nicht nur leiden lassen, durch Hunger, Durst und Gewalt.

Gott ist doch kein Sadist.

Aber vielleicht habe ich nicht damit gerechnet,

dass es doch ein paar Gerechte auf der Welt gibt,

für die Du dies alles erhältst.

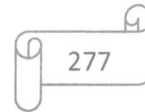

Dafür danke ich Dir von ganzem Herzen.

Und, lieber Gott,

lass mich heute wieder etwas Gutes tun.

Meine Seele wird dadurch erquickt.

Amen.

Gebet zum Abendmahl

Herr im Himmel,

Du hast Deinen Sohn für uns gegeben.

Es ist so gekommen, wie es die Propheten durch Dich vorhergesagt haben,

Dein Sohn Jesu wusste, dass er den Tod erleiden wird

und trotzdem hat er, auch mit seinem Verräter zusammen, das letzte Abendmahl gefeiert.

Durch den Bruderkuss, ich betone Bruder, wurde er gezeichnet,

lange vor den Dornen, die sich in seine Stirn eingruben,

lange vor der Folter des Kreuztragens.

In diesem Abendmahl hat er uns gezeigt, dass er immer bei uns sein wird.

Wir sind mit und in ihm, er ist mit uns, bei uns und in uns.

Durch Brot und Wein, welches er mit seinen Jüngern teilte.

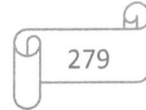

Dieses Abendmahl feiern wir zusammen, in Erinnerung, in Teilhabe, im Glauben.

Herr, mich durchläuft es immer kalt,

Emotionen werden wach, bei jedem Abendmahl,

denn ich weiß, Du bist bei uns.

Herr, lass uns durch dieses Mahl immer an Dich erinnert werden.

Herr, sei bei uns, wenn wir das Abendmahl feiern.

Ich bin jedenfalls immer ganz nah bei Dir.

Amen

Gebet in der Ferne

Herr der Welt – der großen, weiten Welt

Ich bin beruflich hier, schon drei Monate.

Es werden noch drei Monate werden.

Herr, ich vermisse meine Familie, meine Freunde, meine Umgebung.

Das Hotel ist gut, die Arbeit lenkt mich ab, aber es ist nicht die Heimat,

nicht die Familie, das Liebste was ich habe.

Wir hören uns, sehen uns über einen Satelliten, hoch am Himmel, aber das ist nicht das Gleiche.

Der Duft fehlt.

Das Berühren der Haut fehlt.

Die Funken, die zwischen uns hin und herfliegen fehlen.

Die Nähe.

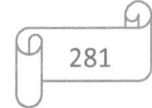

Herr, lass diese nächsten drei Monate schneller vorüber gehen

als die ersten drei Monate.

Und beschütze meine Familie.

Danke.

Amen

Gebet eines Verliebten

Herr der Schöpfung,

ja, das bist Du wirklich. Ich danke Dir für die Schöpfung, in die ich mich verliebt habe.

Dieses Wesen, einem Engel gleich, kann nur von Gott geschaffen sein. So rein, so schön, so vollkommen.

Bei der ersten Begegnung durchzuckte mich ein Blitz und wie Donner schlug mein Herz. Das ist der Mensch, den ich liebe, immer liebe, die mit mir eins ist.

Herr der Schöpfung, ich bitte Dich, lass uns auf ewig zusammenbleiben, immer uns spüren und unsere Liebe leben.

Mehr kann ich im Augenblick noch nicht sagen, ich bin doch so verliebt.

Danke Herr für diese Schöpfung.

Amen

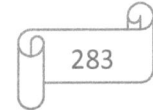

Guten Morgen

Es ist ein klarer Himmel, lieber Gott,

über Nacht hast Du die dunklen Wolken vom Himmel

und auch die trüben Gedanken aus dem Kopf
verschwinden lassen.

Der Himmel ist so blau wie im Sommer,

nein, es ist ein anderes Blau, ein eher Kühleres.

Ich sehe heute zum ersten Mal in diesem Herbst

den scharfen Kontrast zwischen den kahlen Bäumen

und dem Himmel, alles sieht so sauber und ordentlich
aus.

Und auch ich plane schon für den heutigen Tag.

Mir ist völlig klar, was ich heute schaffen kann.

Ich bin mir sicher, lieber Gott, dass es heute ein

erfolgreicher Tag werden wird, auch für mich.

Ich hoffe, dass ich anderen zur Seite stehen kann,

ich einen beruhigen Blick für Verängstigte habe,

man mir vertraut.

Dafür danke ich Dir jetzt schon, lieber Gott,

der Du am Himmel und in meinem Kopf aufgeräumt hast.

Amen.

Gebet eines alten sterbenden Königs

Gnädiger Gott,

ich bin jetzt schon so viele Jahre König,

trage die eiserne Krone König Karls

und habe versucht mein Land gütig zu regieren.

Aber ich musste auch töten, damit wir überleben
konnten.

Feinde abwehren, die in unser Land einfielen.

Mein Reich ist nicht größer geworden, als es vorher
war.

Große Gelehrte habe ich geholt, aus Irland,
Schottland und dem Süden,

die besten unserer Zeit, damit es unserem Land
besser geht.

Ich habe versucht gerecht zu sein. Doch was ist
Gerechtigkeit?

Und ist Gerechtigkeit immer gerecht?

Jetzt bin ich alt, mein Erbe ist noch ein Kind.

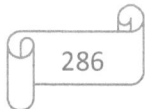

Herr und gnädiger Gott,

wenn Du mich zu Dir rufst habe ich nur eine Bitte an Dich,

lasse es keinen Krieg geben um das Erbe,

lasse es Frieden bleiben,

lass die Menschen in meinem Reich zufrieden sein.

Ist das zu viel?

In Dein Reich gebe ich meine Seele.

Amen

Gebet eines Gefangenen

Gebet eines Gefangenen - irgendwo – auf jeden Fall einsam –

im Lager, im dunklen Keller, in Depression, in dumpfer Krankheit.

Herr, ich weiß nicht, was Du sagen würdest, wenn Du hier, an meiner Stelle wärest.

Hier, an diesem trostlosen Ort, hier fällt mir nichts ein.

Soll ich wie ein kleines Kind beten, wie früher einmal?

Soll ich beten, wie Einer, dem es immer gut gegangen ist im Leben und „Schönen Dank dafür" sagen? Dafür, dass ich jetzt hier bin?

Ich weiß, Herr, es ist schwierig für sich selbst weise zu sein. Schwieriger als für andere.

Darum gib mir ein Wort, denn jedes Wort ist ein Haken, an den man Gedanken hängen kann.

Ich weiß auch Herr, jede Hilfsbereitschaft hat irgendwo auch ein Ende.

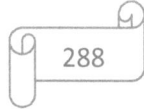

Was ihr jedoch fehlt, ist ein Anfang. Gib ihn mir bitte.

Ich weiß auch Herr, Gott ist groß, er ist so groß, dass es wohl wert ist, ihn ein Leben lang zu suchen.

Ich weiß Herr, dass unser Leben das ist, was unsere Gedanken aus ihm machen.

Ich weiß aber auch, dass keine Straße so lang ist, wenn man einen Freund an der Seite hat.

Sei Du bitte mein Freund, denn Gott ist einer der führt.

Ist es hier, in Gefangenschaft, Krankheit, Depression nicht so, wie in der Normalität?

In gleicher Umgebung lebt doch jeder in seiner eigenen Welt.

Die einen reden, was sie denken, die anderen denken, was sie reden und manche denken, was die anderen reden, doch manche reden, was die anderen denken.

Zeige, mein Freund, mir bitte den richtigen Weg.

Gib mir bitte ein Zeichen, ein Zeichen, wie ich leben soll.

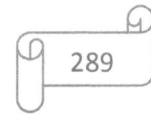

Gib mir die Wahrheit richtig zu urteilen, auch über mich selbst.

Gib mir die richtigen Gedanken.

Hilf mir auf der langen Straße die Leben heißt.

Hilf mir in der Umwelt wieder klar zu kommen, damit ich, Herr, den Sinn des Lebens wieder erkennen kann.

Herr,

jetzt weiß ich, was ich endlich einmal sagen muss.

Trotz Gitter,

trotz Mauern,

trotz innerer Einsamkeit,

trotz quälender Gedanken.

Danke, Herr, denn ich darf leben.

Amen

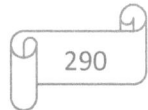

Gebet für einen Freund

Herr und Freund,

ich bitte und bete heute für einen Freund.

Er ist irgendwie krank. Es kann sein, dass es Krebs ist,

es kann auch etwas anderes sein. Die Ärzte wissen es noch nicht genau.

Wie bei allen Krankheiten kam es plötzlich, ohne Vorbereitung.

Es war wie der Einschlag eines Asteroiden auf der Erde.

Der größte Teil ist nicht betroffen, doch die Erschütterung ist groß.

Viele Menschen sagen, dass Krankheiten die Strafe für etwas sind.

Ich glaube das nicht.

Ich glaube eher, es ist alles schon vorher von Dir geplant.

Aber bist Du wirklich ein so grausamer Gott, der des Alten Testaments, der straft?

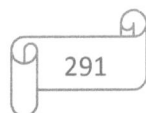

Hat Dein Sohn uns nicht Liebe und Verzeihen gepredigt? Dein Sohn, also ein Teil von Dir.

Herr und Freund, Gott und Lenker der Schicksale, lass ein Wunder geschehen.

Hilf meinem Freund. Bitte. Ich will weiter als den Gütigen in Dir glauben.

Danke.

Amen

Regeln

Herr, ich weiß, dass Du mir Regeln für das Leben mitgegeben hast.

Du sagtest mir: Tue etwas. Tue Gutes.

Daran versuche ich mich immer öfter zu halten.

Ganz ehrlich, lieber Gott, es ist nicht immer einfach.

Du sagtest mir: Liebe jemanden.

Du sagtest es sogar genauer: Liebe Deinen Nächsten, wie Du willst, dass man Dich liebt.

Ganz ehrlich, lieber Gott, auch das ist nicht immer einfach.

Ich versuche mich aber daran zu halten, auch wenn es nicht immer Gegenliebe erzeugt. Aber darf ich die überhaupt erwarten?

Du sagtest auch: Hoffe auf Etwas.

Ganz ehrlich, lieber Gott, das ist nicht immer einfach.

Ich hoffe auf Dich, Dich, den man spürt, den man kennt, den man ersehnt, erhofft.

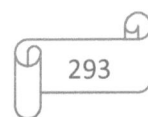

Du sagtest auch: Glaube an mich.

Ganz ehrlich, lieber Gott, das ist nicht immer einfach.

Weil ich Deine Wege nicht immer erkenne, die Du damit gehen willst,

weil ich Deinen Willen nicht erkenne, den Du mir damit zeigen willst.

Doch! Ich glaube an Dich! Ganz fest in der Tiefe meines Herzens,

denn diese Wege sind Prüfungen, die ich schaffen muss und kann,

denn Deine Hilfe ist mir immer sicher.

Dafür danke ich Dir.

Amen

Gebet eines Schlaflosen

Herr im Himmel, Schöpfer von Tag und Nacht.

Ich bin so müde, liege schon seit Stunden im Bett,

doch ich kann nicht schlafen.

Ich weiß auch nicht warum.

Ich wälze keine Gedanken,

beschäftige mich nicht mit Problemen,

aber ich kann einfach nicht einschlafen.

Ich habe schon lauwarmes Wasser getrunken,

aber es hat nicht geholfen.

Ich habe in dem langweiligen Buch gelesen,

auch das hat nicht geholfen.

Ich habe mir schon eine Wärmflasche auf den Bauch
gelegt,

das hat früher immer geholfen, heute nicht.

Was soll ich noch machen.

Ich muss in wenigen Stunden wieder aufstehen,

werde einen schweren Tag vor mir haben,

muss ausgeschlafen sein, doch ich bin hellwach.

Lass mich bitte ruhig schlafen, lieber Gott.

ich wäre Dir wirklich dankbar.

Amen

Gewicht

Lieber Gott, seit Monaten schon gibt es Schokoladennikoläuse,

Printen und Spekulatius.

Ich habe mich ja bis jetzt zurückgehalten.

Doch jetzt ist Nikolaus vorbei und einer der Männer aus Schokolade

musste auch schon dran glauben.

Jetzt beginnt die Backzeit, die Zeit der großen Versuchung.

Ich weiß, man wird nicht um Weihnachten dicker und schwerer,

das ist eine schleichende Krankheit, das ganze Jahr über,

aber die Versuchung, die warmen Plätzchen, wie kann ich da widerstehen?

Ich versuche ja schon weniger oder anders zu essen, doch so viele Jahre Gewohnheit, wie soll ich das ändern.

Dann kommen auch noch die Weihnachtsfeiern dazu,

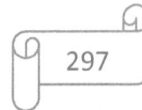

soll ich da nur Blattsalate ohne Sauce essen.

Dann hätte ich auch als Kuh auf die Welt kommen können.

Ja, lieber Gott, ich weiß, Du hast andere Probleme,

ich wollte ja nur darauf hinweisen. Du hast mich so gewollt,

dann beschwere Dich bitte nicht, dass ich später zu viel Platz im Himmel einnehme.

Ach ja, da fällt mir ein Backrezept ein, einfach himmlisch.

Amen

Gebet eines Lehrers

Herr, ich weiß, dass Sokrates schon über die Jugend verzweifelt war.

Ich bin Lehrer geworden, um Kindern zu helfen, die Welt zu verstehen.

Ich bin Lehrer aus Leidenschaft, und nicht als Jemand der Leiden schafft. Aber waren wir früher genauso so? So undiszipliniert, so uninteressiert.

Haben sich unsere Eltern auch andauernd beschwert. Über Lehrermangel, falsche Lehrpläne und so weiter. Ich kann es nicht ändern. Leider. Ich muss mich auch damit herumschlagen. Manche Dinge finde ich auch nicht so toll, aber ich bin nun mal Beamter und mache das, was von mir verlangt wird. Ich mache sogar mehr, denn ich versuche meine Kinder zu lebensfähigen Mitbürgern zu erziehen.

Wie soll ich mich das gegen Ignoranz und Dummheit wehren. Ich glaube Sokrates hatte doch recht, als er sagte, dass die Jungend von heute keine Disziplin mehr hätte und keinen Respekt vor dem Alter.

Lieber Gott lehre mich eines Besseren.

Amen

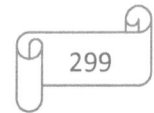

Gebet für eine alte Frau

Herr im Himmel,

diese Frau hat ein langes Leben hinter sich.

Sie hat als Kind noch den Krieg erlebt – und niemals darüber gesprochen, sie hat die Hungerzeiten der Nachkriegszeit erlebt – und niemals darüber gesprochen.

Sie hat gute und schlechte Zeiten erlebt – und niemals darüber geklagt.

Dir war sie immer treu.

Sie hat immer an Dich geglaubt. Auch als zwei ihrer Kinder als Frühgeburten starben.

Die anderen drei Kinder hat sie großgezogen. Hat sie durch die Schule gebracht, den Haushalt geführt und war immer eine treue Ehefrau, auch wenn ihr Mann nicht immer so treu war.

Jetzt ist sie krank und müde. Sie kann nicht mehr, ist ausgelaugt.

Gib Ihr jetzt die Kraft, die letzten Schritte zu Dir ebenso aufrecht zu gehen, wie ihr ganzes Leben. Sie kennt Deine Kraft und Hilfe. Gib sie ihr jetzt bitte.

Amen

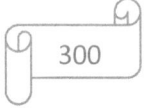

Amen Gebet für Schulanfänger

Herr der Schöpfung. Leiter unserer Leben.

Jetzt kommen wieder die I-Dötzchen, wie man oft sagt, in die Schule.

Große Erwartungen, große Augen, große Zuckertüten, große Ängste.

Wie viele Hoffnungen setzen Eltern in ihre Kinder. Nicht alle werden erfüllt. Lass die Enttäuschungen, wenn es nicht so wird wie erhofft, nicht zu groß sein.

Zerstreu die Ängste. Die Angst alleine zu sein, ohne Mutter, mit fremden Kindern und Lehrern.

Die Ängste der Eltern, ob sich ihr Kind auch gut führt und auch im Unterricht mitkommt.

Herr, beschütze diese Kinder auf ihrem täglichen Schulweg. Die Gefahren sind größer, als viele Menschen glauben. Lass die Eltern vernünftig sein, sie nicht bis zur Schule zu fahren, das Anhalten und Aussteigen ist der gefährlichste Teil des Schulweges.

Herr, gib den Lehrern die Geduld, die sie mit den manchmal kleinen Monstern brauchen. Es sind doch Kinder.

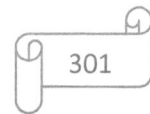

Herr, gib dem Verstand einen Sinn. Bei Eltern, Lehrern und Kindern. Und im Schulministerium vernünftigen Lehrstoff zu entwickeln. Das Leben ist nicht nur Theorie.

Herr, ich danke Dir jetzt schon für die Zukunft dieser Kinder mit den großen Zuckertüten, den schweren Schulranzen und den großen Augen für das was kommen wird.

Amen

Gebet und Frage eines Kindes

Hallo lieber Gott,

ich bete jeden Abend mit Mami am Bett

„Lieber Gott, mach mich fromm, dass ich in den Himmel komm."

Was bitte ist fromm?

Mami will ich nicht fragen, ich bin doch schon fünf Jahre alt.

Aber fromm ist etwas, was ich nicht verstehe.

Mami und Papi haben mir von Dir und Jesus erzählt und im Kindergottesdienst habe ich auch schon viel gehört. Aber was fromm ist, das weiß ich nicht.

Bitte gib mir doch eine Antwort. Ich schlafe sonst so schlecht ein.

Ich will übrigens mal Fußballspieler werden. Ist das mehr als fromm?

Amen lieber Gott und schlafe gut auf Deinem Wolkenbett.

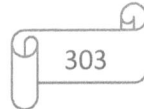

Gebet einer Mutter für ihr krankes Kind

Herr im Himmel,

Du hast mir dieses Kind geschenkt.

Wie viele Sorgen haben wir uns schon um ihn gemacht, unseren kleinen Wonneproppen.

Der Junge wurde zu früh geboren, viel zu früh, doch Du hast ihn nicht aus den Augen gelassen und ihm geholfen.

Dafür können wir Dir gar nicht genug danken.

Dann dieser Rückfall mit der Atmung, als er gerade nach Hause gekommen war,

doch auch hier hast Du wieder geholfen. Er kam durch.

Jetzt hat er schon den dritten Tag Fieber, liegt im Krankenhaus, in diesem Bett mit dem Sauerstoff, den Schläuchen und Maschinen.

Herr, es ist für eine Mutter so grausam zu sehen, wie ihr Kind so daliegt.

Jede Minute zu zählen, jeden Atemzug zu beachten, wenn sich der kleine Brustkorb hebt.

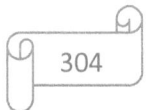

Viel schlimmer sind die Blicke der Ärzte und Schwestern, wenn sie das Zimmer verlassen.

Gib meinem Kind bitte Kraft, Kraft stark zu werden.

Die Ärzte meinen diese Schwäche würde sich verwachsen, wenn er das erste Jahr übersteht.

Du hast ihn neun Monate in mir wachsen lassen,

Du kannst ihn doch jetzt nicht wieder zu Dir nehmen.

Denke doch mal an das Leiden von Maria, als Jesus starb.

Herr, ich drücke den kleinen Teddybären, der sonst seinen Schlaf begleitet.

Er darf ihn nicht mit in sein Bett legen.

Herr, ich bete zu Dir, weil ich Dir vertraue. Mehr als den Ärzten, denn Du bist mächtig.

Ich bitte Dich, gib diesem kleinen Leben eine Chance.

Ich fühle, er wird gut für die Welt sein, ein friedlicher Kämpfer für das Gute werden wird.

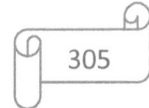

Ich werde ihn Deine Gebote lehren und ihm zeigen was Güte und Nächstenliebe ist.

Eine Mutter spürt das.

Gib ihm Hoffnung – und mir auch. Er ist doch noch so ohne jede Schuld.

Danke

Amen

Eine Frage an Dich, Gott

Lieber Gott, ich bin Reginald, ich bin acht Jahre alt und sehr traurig.

Mein Nachbar, ein alter Mann, ist beerdigt worden. Ich wollte und durfte mit.

Es war das erste Mal, dass ich das gesehen habe.

Vier starke Männer haben den Sarg an Seilen in das Grab gelassen.

Wie ist das denn mit der Seele und so?

Liegt die mit im Sarg?

Und wie ist das bei einer Urne? Verbrennt da die Seele vorher mit?

Aber meine wirkliche Frage ist: Wie kommt man in den Himmel, wenn man in einem Sarg oder einer Urne tief in der Erde ist.

Es gibt so viele Friedhöfe auf der Welt. So schwere Grabplatten. Wie willst Du das alles schaffen oder helfen die Engel mit dabei?

Lieber Gott, ich wüsste gerne, wie das ist.

In der Schule haben wir gelernt, dass wir an die Auferstehung der Toten glauben. Das wird aber

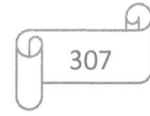

schwer werden. Deshalb möchte ich keine Grabplatte haben, wenn ich mal sterbe.

Lieber Gott, wen kann ich fragen, der wirklich Bescheid darüber weiß.

Mami und Papi, glaube ich, wissen das nicht und ob unser Pfarrer das weiß, weiß ich wieder nicht. Der ist alt. Sehr alt, mindestens schon fünfzig Jahre oder so.

Vielleicht beamst Du uns ja nach oben in den Himmel.

Über eine Antwort freue ich mich riesig.

Dein Reginald

Amen

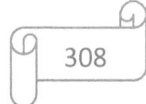

Gebet einer Gärtnerin

Herr der Schöpfung.

Wie schön die Natur doch ist. Ich habe einen Beruf gelernt, der mich täglich lehrt dieses Wunder der Schöpfung zu achten.

Wenn ich sehe, wie aus einem Samen, einer Zwiebel oder einem Wurzelteil wieder eine neue Pflanze wächst, dann kann ich nur jedes Mal staunen.

Wenn ich sehe, wie aus einer Knospe eine Blume erblüht, die nicht nur schön aussieht, sondern auch noch wunderbar duftet.

Wo kommt das alles her? Die Farben, der Duft, die Kraft?

Biologen können das sicher erklären, aber ist das so schön, wie die Freude, das immer wieder neue Wunder der Natur*? Ich freue und wundere mich lieber.

Herr dieser Wunder. Wenn ich dann noch die Schmetterlinge, die Bienen und anderen Tiere sehe, die zu diesen Pflanzen fliegen und sie bestäuben, dann kommt aus vielen auch noch eine Frucht. Früchte, die wir essen können. Früchte, aus deren Kernen neue Pflanzen entstehen, die diesen immer wiederkehrenden Kreislauf der Natur entstehen lassen.

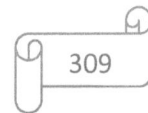

Dafür möchte ich Dir danken. Denn das sind für mich echte Wunder. Großes, welches aus Kleinem entsteht.

Auch wir Menschen sind aus Samen und Eizelle entstanden. Wir sind Pflanzen anderer Art. Und beide Arten erzeugen aus Wildwuchs. Damit müssen wir leben und sehen, dass dieser Wildwuchs nicht Überhand nimmt.

Danke Herr, Du machst mich glücklich.

Amen

Gebet zum Berufsanfang

Herr im Himmel,

heute fange ich eine neue Arbeit an.

Ich kenne den Arbeitsplatz noch nicht, kenne noch keinen Kollegen.
Das Bewerbungsgespräch war gut gelaufen.
Trotzdem bin ich nervös.
Komme ich gut bei den neuen Kollegen an?
Kann ich mein Wissen richtig anbringen?
Muss ich viel Neues lernen?
Ich habe mich so angezogen, wie ich es für richtig halte,
Hoffentlich ist es richtig. Ich will ja nicht so auffallen. Wenn man neu ist, dann fällt man sowieso auf.

Gib mir bitte jemand an die Hand, der mir die ersten Tage hilft mich zurecht zu finden.
Gib mir bitte freundliche Kollegen, die mir alles zeigen.

Gib mir bitte einen Vorgesetzten, der mir meinen Stärken und Schwächen umzugehen weiß.
Ich werde mein Bestes geben – mehr ist ja auch nicht möglich.

Lieber Gott und Herr im Himmel, ich danke Dir, dass Du mich erhörst.

Amen

Männergebet

Herr im Himmel,

wie dankbar bin ich, dass man Dich wenigstens noch männlich lässt.

Es mag zwar politisch korrekt sein, dass man beide Geschlechter erwähnt,

aber für mich geht es doch manchmal zu weit.

Da werden Formen im Plural gebildet, die unnötig sind.

Da werden Begriffe erfunden, die sinnlos sind.

Ich habe schon gesehen, wie auf einem Lieferschein ein Schrägstrich stand und dahinter das Wort Lieferscheinin.

Das geht mir zu weit.

An einer Universität in Dresden spricht man nur noch von Professorin, gleich ob Mann oder Frau.

Ich möchte aber ein Mann bleiben.

Wird es so weit getrieben, da wir für die Efrauzipation des Mannes kämpfen müssen.

Wird aus dem Mantel ein Frautel? Wird aus einer Mannschaft eine Frauschaft?

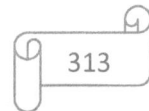

Dürfen wir Männer dann auch fraustoll sein, wenn Frauen mannstoll sind?

Vielleicht sagen die Menschen bald, Frau oh Frau statt Mann oh Mann

und müssen Städte umbenannt werden. Mannheim in Frauheim, Manchester in Womanchester?

Herr im Himmel, ist das überhaupt noch politisch korrekt, gib den Menschen den Verstand wieder zurück. Irgendwo ist er auf dem Weg zur Gleichbehandlung verloren gegangen.

Amen

Gebet eines Vertreters

Lieber Gott,

wie viele Lügen habe ich heute schon gehört.

Wir haben....fangen die Sätze fast immer an.

Dabei habe ich meist noch nicht einmal gesagt, was ich eigentlich will.

Ich mache ja extra vorher die Termine und trotzdem sagt mindestens jeder fünfte Kunde, dass er keinen Termin gemacht hat.

Ich falle nicht mit der Türe ins Haus – alte Vertreterregel – trotzdem lassen mich manche erst gar nicht richtig zu Wort kommen.

Und wenn ich dann erklärt habe, dann kommen Fragen, die nichts mit unserem Produkt zu tun haben, nur um den Preis zu drücken.

Lieber Gott, Herr im Himmel,

ich verdiene mein Brot mit dem Verkauf unserer Ware. Ich biete gute Ware an und zu teuer sind wir auch nicht, trotzdem ist es ein hartes Brot.

Ich fahre viel und muss mich auf jeder Fahrt den Gefahren des Verkehrs aussetzen.

Ist Dir schon einmal aufgefallen, dass in Fahrt und Gefahren das Wort ‚fahr' mit drin ist?

Ich bin bei Wind und Wetter unterwegs. Nicht nur für meinen Verdienst, auch für meine Kunden, wenn sie dringend etwas brauchen. Ich bin sogar schon in der Nacht zu einem Kunden gefahren.

Es ist schon ein hartes Brot.

Aber ich habe eine Arbeit. Und trotz all der Unweglichkeiten macht es mir Spaß.

Dafür danke ich Dir.

Amen

Traumgebet

Herr im Himmel,

ich würde so gerne fliegen können.
Ich weiß, es ist unmöglich, aber ich träume immer
wieder davon.
Dann erhebe ich mich. Manchmal sind es nur große,
sehr große Sprünge, aber immer wieder kann ich
fliegen.
Ich weiß nicht, ob ich die Arme als Flügel benutze,
ich weiß nur, dass ich die Welt wie ein Vogel sehe.
Nicht nur von oben herab, nein, ich sehe auch
vorwärts.
Es ist so wunderschön so zu schweben.
Ich bin auch noch nie bei schlechtem Wetter
geflogen,
es war immer schön.
Es war auch immer in einer fremden Landschaft.
Nicht dem mir bekannten Umfeld.
Ach, lieber Gott, Du hast den Vögeln Schwingen
verliehen
und mir hin und wieder auch im Traum.
Ob es so vielleicht bei Dir im ewigen Reich ist?
Dort wo vielleicht wieder das Paradies ist,
dort, wo wir unsere Lieben wiedersehen,
dort, wo wir Frieden finden werden.

Wenn es so ist, dann habe ich keine Angst vor dem Tod,
dann spüre ich, ahne ich, weiß vielleicht sogar was mich erwartet.

Danke Herr für diese schönen Momente im Traum.

Amen

Gebet eines Studenten

Herr im Himmel,

ich habe mich für mein Studium entschieden. Jetzt stelle ich fest, dass es doch nicht genau das ist, was ich mir eigentlich vorgestellt habe.

Ist es verlorene Zeit oder ist meine Entscheidung falsch?

Habe ich vielleicht nur nicht das richtige Durchhaltevermögen?

Herr, ich habe mir den Beruf anders vorgestellt. Noch bin ich im zweiten Semester, da ist doch nichts verloren.

Wie viele Studenten wechseln den Studiengang?

Wie viele Menschen lernen im Leben einen neuen Beruf?

Herr, gib mir ein Zeichen, dass ich meine Entscheidung richtig getroffen habe

und jetzt den richtigen Schritt mache.

Gib meinen Eltern auch die Kraft mit meinem Schritt fertig zu werden.

Sie hätten so gerne gesehen, wenn ich dieses Studium durchziehen würde.

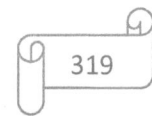
319

Vielleicht habe ich es ja auch nur aus Liebe zu ihnen gewählt.

Herr, ich wage den Schritt.

Ich gehe lieber das Wagnis ein, als dass ich später mein Leben lang unglücklich in meinem Beruf bin.

Danke für die Stärke, die Du mir gibst.

Amen

Gebet eines Hinterbliebenen

Herr im Himmel, Du hat mir meine Frau genommen.

Warum?

Wir waren fast fünfzig Jahre so glücklich
verheiratet,

wir haben zusammengehalten, auch wenn es nicht
immer leicht war.

Wir waren uns treu. Das weiß ich von mir und auch von
ihr.

Warum musste sie so plötzlich sterben?

Einfach umfallen und tot sein.

Wie grausam bist Du doch manchmal und dann sagen
einem die Geistlichen, dass sie jetzt in Deinem Schoß
ist, dass es ihr gut geht, das sie erlöst ist und so
weiter.

Denkst Du auch an mich?

Die zwei Kinder sind so weit weg. Sie waren zur
Beerdigung da, haben mir angeboten zu ihnen zu
ziehen, wenn ich es will.

Das ist lieb gemeint, aber ich will ihnen doch nicht zur
Last fallen.

Sie können doch zu mir ziehen, das Haus steht doch leer.

Sehr leer, richtig leer, denn die Seele fehlt.

Man sagt immer, dass es Frauen leichter haben, wenn der Mann vorher stirbt.

Ich glaube überhaupt nicht, dass es jemand leicht hat, wenn der Partner stirbt.

Wäsche waschen kann ich lernen. Kochen auch. Aber alleine sein, dass kann und will ich nicht lernen.

Sie fehlt mir.

Jeden Tag rede ich mit ihr.

Gebe dem Bild jeden Abend einen Kuss und dann wünsche ich ihr eine gute Nacht.

Sie antwortet mir sogar. Jedenfalls bilde ich mir das ein.

Und dann kommen die langen Stunden der Nacht und der Einsamkeit.

Ich stehe wieder auf, sehe fern, lese, kann nicht schlafen, habe niemanden, mit dem ich sprechen kann.

Welcher Verein hat denn nachts um zwei Uhr einen Debattierclub für Witwen und Witwer?

Manchmal ziehe ich mich auch an und gehe durch den Garten, der auch nicht mehr ihre Seele spürt.

Ich muss da unbedingt was machen. Ihr Werk darf nicht verunkrauten.

Herr, gib mir die Kraft, die Zeit zu überstehen, welche die Wunden heilen soll.

Wie lange ist diese Zeit.

Herr im Himmel, ich bitte Dich, passe gut auf meine Frau auf bis ich komme, es kann ja auch nicht mehr so lange dauern. Und denke daran, dass sie keine kalten Füße bekommt. Ich kann sie ihr ja nicht mehr wärmen.

Nimm sie in Deinen Mantel der Güte auf.

Amen.

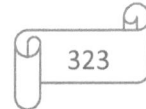

Gebet eines Politikers

Herr im Himmel,
jetzt habe ich es geschafft,
ich bin gewählt worden.

Gewählt auf einen wichtigen Posten, bei dem ich
auch schon etwas bewegen kann.
Ich weiß auch, dass ich jetzt sehr viel mehr
Verantwortung trage.
Meinem Land, meinen Mitbürgern, meiner Partei,
meiner Familie, aber noch viel mehr meinem
Gewissen gegenüber.

Ich habe so viel vor der Wahl versprochen, vom
dem ich wusste, dass es nur zum geringen
Prozentsatz umsetzbar ist. Aber ist das schon
ein falsches Versprechen, gar eine Lüge?
Der geringe Prozentsatz ist ja da. Wenn ich gut
handeln und formulieren kann, ist es vielleicht
möglich eine zu überzeugen. Gib mir bitte diese
Möglichkeiten.
Herr, ich will wirklich nur das Beste für unser
Land. Ich liebe es, bin von unseren Stärken
überzeugt. Hilf mir dies zu halten.

Herr, hilf mir auch den Kontakt zu meinen Wählern nicht zu verlieren und hilf mir bitte meine Familie nicht zu vernachlässigen. Die freien Zeiten werden jetzt noch knapper.

Herr, die meiste Angst aber habe ich vor falschen Entscheidungen. Kann man die vermeiden? Ich weiß es nicht. Hilf mir bitte, den Weitblick zu behalten und den richtigen Weg zu gehen.

Herr, ich habe eine hohe Verantwortung bekommen und übernommen. Ich stelle mich dieser Verantwortung. Stärke mich bitte.

Ich glaube an Dich und vertraue auch auf Dich. Du bist mein Weg und mein Stab, auf den ich mich stützen kann.

Ich danke Dir auch für Deine Stütze.

Amen

Gebet nach der Entdeckung der ersten weißen Haare

Oh mein Gott, jetzt werde ich alt.

Ich habe meine ersten weißen Haare gefunden,
dabei bin ich doch noch keine dreißig Jahre alt.
Soll ich sie ausreißen?
Soll ich mir die Haare färben?
Was sagen meine Freunde, meine Verlobte.
Sie will doch einen jungen Mann heiraten und
keinen alten Kerl mit weißen Haaren.
Herr, was passiert als Nächstes?
Höre ich schlechter?
Fallen mir die Zähne aus?
Lässt mein Gedächtnis nach?
Herr, gib mir die Stärke die weißen Haare mit
Würde zu tragen.
Vielleicht findet meine Verlobte sie ja auch
männlich.
Vielleicht gehöre ich jetzt zu den Menschen, die
Vertrauen ausstrahlen,
Würde, Glaubwürdigkeit.
Herr im Himmel, ich glaube es ist nicht so
schlimm weiße Haare zu haben.

Mein Freund ist einen Monat jünger, der würde
sich über weiße Haare freuen,
er hat jetzt schon eine Glatze.

Amen

Gebet nach einer Diagnose

Herr im Himmel,
ich bete zu Dir, solange ich Dich noch kenne.
Heute habe ich es erfahren: ich habe Alzheimer.

Noch habe ich viele klare Momente, weiß wo und
wer ich bin.
Weiß, wann ich lebe und mit wem.
Ich weiß auch, was diese Krankheit bedeutet.

Der Arzt konnte es mir nicht sagen, wie schnell
das Verschwinden geht,
das Verblühen der Realität,
die Rückkehr in das Nichtwissen,
dieses Abtauchen in die Leere des Lebens.

Herr im Himmel,
ich bitte Dich um den Schutz meiner Familie.
Ich werde nicht mehr merken, wie schwer es für
sie wird.
Es wird schwer werden, aber nicht für mich.
Wenn es geht, dann lasse mich schnell abtauchen
in die neue Welt.
Vielleicht bin ich Dir dann sogar näher als ich
glaube.

Herr, ich will tapfer sein, mein Schicksal ertragen.
Aber ich habe Angst. Ich habe richtig Angst.
Das will ich aber meiner Familie nicht sagen.
Sie haben es schon schwer genug mit mir.

Gib mir Deinen Frieden. Bald ist es soweit, ich weiß es, seit heute.

Amen

Gebet für eine Nachbarin

Lieber Gott, Herr und Lenker unserer Leben.
Heute möchte ich für meine Nachbarin beten.

Einfach nur so.

Sie ist nicht krank, hat keine Probleme,
sie ist einfach nur sehr nett und liebenswert.
Ich kann mit ihr reden, wenn wir beide Zeit
haben.
Sie hört mir zu, kann sich vielleicht auch mal
aussprechen.
Sie nimmt meine Pakete an, wenn ich nicht da bin,
sie kocht oder backt sehr gut und gibt mir davon
hin und wieder etwas ab.
Sie ist eine sehr liebe und gute Nachbarin.
Ich glaube, wenn es mehr davon auf der Welt
gäbe,
würde der Streit und Neid nicht so viel Macht
haben.
Ich habe Vertrauen zu ihr. Sie strahlt dieses
Vertrauen auch aus.

Lieber Gott, gib dieser Frau weiter Kraft ihr
Leben zu meistern, gib ihr vor allem Stärke, wenn
das Alter seinen Tribut fordern sollte.
Schenke Ihr weiterhin Gesundheit und lass sie
weiter so lebensfroh sein,
wie ich sie kennenlernen durfte.

Danke mein Gott, Herr und Lenker unserer
Leben.

Amen

Gebet einer Reinigungskraft

Oh, mein lieber Gott, hier sieht es wieder aus.
Tja, lieber Gott im Himmel, Herr des Chaos und
der Ordnung,
das könnte ich immer wieder sagen.
Ich mache ja gerne hier sauber, halte alles in
Ordnung,
aber hast Du bei der Schöpfung nicht genau
unterschieden zwischen Menschen und Schwein?
Dabei sollen Schweine ja nicht so dreckig sein,
wie manch ein Mensch.
Wenn ich wieder einmal die Toiletten sehe, dann
frage ich mich, ob hier Menschen ihre Notdurft
verrichtet haben. Gibt es noch Menschen in
Deutschland, die nicht wissen, dass man
hinterher abziehen kann?
Gibt es noch immer Menschen, die einen
Mülleimer nicht erkennen und die paar
Quadratmeter um den Eimer als Abfallgrube
benutzen?
Warum muss man – entschuldige bitte – immer
neben die Pissoirs machen.
Schielen die alle.
Wie viele Kaugummis habe ich schon unter
Tischen, noch schlimmer, unter Stühlen entfernt.

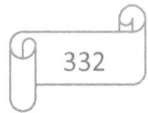

Warum kann man die Türe nicht am Griff aufmachen? Fingerabdrücke auf den Glasflächen sehen nicht so toll aus.
Papiere auf dem Boden, Zigarettenkippen neben den Aschenbechern. Getränkedosen in Blumenbeeten. Ich glaube manchmal hier ist es vielen gleich wie es aussieht.
Ob es bei denen daheim auch so ist? Ich bezweifele das.
Lieber Gott, ich will aber nicht ungerecht sein. Die meisten Menschen hier sind freundlich und nett.
Manche sagen sogar: Danke. Ist das nicht super.
So, jetzt muss ich weitermachen. Meinen Kaffee kann ich hinterher noch trinken. Mit der Zigarette dazu. Die brauche ich dann dringend.
Nach diesem Toilettenerlebnis.
Entschuldige lieber Gott, aber es musste mal gesagt werden.
Danke, dass Du mir zugehört hast.

Amen

Gebet für ein Erstgeborenes

Da liegst du vor mir, du mein Kind,
bist grad geboren, wie der Wind,
der plötzlich durch die Lüfte weht,
wie schnell doch all die Zeit vergeht.

Noch gestern warst nur Ahnung Du,
jetzt bist Du hier, nimmst uns die Ruh'.
Wir freuen uns um jeden Schrei,
sind blitzschnell da, sind mit dabei.

Du wächst heran, wirst sehr schnell groß,
wo ist die Zeit, die Jahre bloß,
spielst mit den andren dort im Sande fein,
die Schaufel hältst Du fest, denn sie ist Dein.

Dann kommt die Schule, Du lernst lesen,
bald kannst Du es, als sei es immer so gewesen.

Du wirst ein junger starker Mann,
der Vieles will und Alles kann,
die Liebe trifft Dein Herz dann mit Gefühlen,
will alles ändern Dich aufwühlen,
denn Liebe ist so wunderbar,
so klar, so groß, so zart und wahr.
Ihr geht zu Zweit das Leben weiter,

mal ernst und später wieder heiter,
bis Du auch hältst ein Kind im Arm,
dann wird auch Dir das Herz so warm.

Ich wünsche Dir ein frohes Leben,
sollst immer in Gefühlen schweben,
sollst Liebe stets im Herzen spüren,
dann kann kein Schaden Dich anrühren.
Gott schütze Dich.

Amen

Pausengebet einer Kassiererin

Lieber Gott, wie gut diese Pause tut.
Den ganzen Tag an der Kasse sitzen, Waren über den Scanner ziehen, immer mit dem gleichen Art, das ist schwerer als viele Leute glauben.
Dazu immer freundlich sein, auch wenn es die Kunden nicht sind.
Weißt Du, wie einen Beschwerden treffen, wenn man persönlich beleidigt wird, nur weil es keine Laugenbrezeln mehr im Backautomaten gibt.
Weißt Du, wie oft ich beleidigt werde, nur weil die Schlange zu lang ist.
Ich mache keine Dienstpläne, teile nicht die Kollegen ein.
Vor ein paar Tagen hat mich sogar eine Kundin fast angespuckt, es ging, Dir sei Dank, daneben.
Muss ich mir das gefallen lassen?

Herr, kann ich etwas für steigende Preise,
Apfelsinen die angeblich sauer waren,
Kleidungsstücke, die schlecht genäht sind?
Nein.
Seit Jahren mache ich diese Arbeit nun schon.
Die meisten Kunden sind sehr nett, vor allem die Stammkunden,

aber ein schlimmer Kunde genügt, um die Stimmung sinken zu lassen.
Jetzt sitze ich hier in der Pause,
ich habe die Schuhe kurz ausgezogen.
Mein Butterbrot schmeckt, nur der Kaffee ist schon wieder kalt.
Meine Thermosflasche hält nichts mehr warm.
Ich muss wohl eine neue kaufen.

Gleich ist wieder die Pause um, die Kollegin wartet sicher schon.
Also lächeln und wieder nach draußen gehen.

Danke für jeden netten Kunden lieber Gott und zeigen den anderen den Weg zu Konkurrenz.

Amen

Gebet am letzten Arbeitstag

Lieber Gott, heute hatte ich meinen letzten Arbeitstag.
Über vierzig Jahre habe ich meinen Beruf ausgeübt.
Ich liebe diesen Beruf und ein wenig bedauere ich, dass heute der letzte Tag ist.
Wie wird es wohl weitergehen?
Falle ich meiner Frau auf den Wecker?
Habe ich endlich Zeit, um meinen Hobbies nachzugehen?
Lieber Gott, ich danke Dir, dass ich meine Arbeit immer gut gemacht habe.
Ich danke Dir für die vielen Freunde, die ich in meinem Berufsleben kennenlernen durfte.
Ich danke Dir für all das Wissen, welches ich erwerben durfte und
für die Menschen, denen ich etwas beibringen konnte.
Wenn ich nur drei Auszubildenden eine gute Zukunft geschaffen habe,
dann war ich wirklich gut. Das würde mich glücklich machen.
Lieber Gott, ich bitte Dich um noch viele Jahre,

Jahre, die ich sinnvoll mit meiner Frau verleben darf.

Wenn ich dabei gesund bleibe, wäre das noch schöner.

Lieber Gott, dieser Tag ist schwer, ich verlasse etwas, was ich so lange gemacht habe.

Ich verlasse Menschen, die ich liebgewonnen habe.

Ich werde sie vermissen.

Lieber Gott, ich bin aber auch froh, wenn der Tag vorbei ist.

Meine Kollegen haben irgendetwas vorbereitet.

Lasse es mich gut überstehen.

Ich bin ein älterer Mann und möchte nicht vor Rührung weinen. Aber ich kenne mich, ich werde weinen.

Lieber Gott, beschütze meine Freunde, meine Familie und meine Frau.

Amen.

Gebet eines Genesenen

Herr der Schöpfung,
ich möchte Dir so gerne danken, wenn auch noch
ein wenig schwach.
Ich bin aus dem Krankenhaus entlassen worden
und wieder daheim.
Mein Partner meinte, es sei das erste Mal, dass
ich gesünder wieder heraus komme.
als ich hinein gekommen bin.
Es geht also wieder aufwärts.
Die Ärzte haben es dieses Mal richtig gut
gemacht,
ich habe richtig gekämpft und gewonnen
und Du hast mir dabei geholfen.
Außerdem wollte ich meinem Partner auch einmal
zeigen, dass wir uns auch mal wieder freuen
können und nicht nur bangen.
Herr der Kranken und Gesunden,
Du bist besser als jede Medizin.
Du bist besser als jede Behandlungsmethode
und Du kostest die Krankenkasse keinen Cent.
Danke mein Gott, mein Bruder und Vater, mein
Schöpfer und Herr,
Du, der mein Leben lenkt und leitet. Danke.

Amen

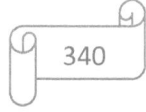

Gebet für vergessene Tote

Herr der Schicksale,

wie viele Menschen sterben täglich, sogar
stündlich – alleine?
Vergessen von anderen Menschen.
Abgestellt im Wartesaal des Todes – in
Seniorenheimen,
wo sie zwar sicher körperlich gut versorgt
werden,
aber seelisch oft so alleine sei. Wie viele
Menschen sterben alleine in ihren Wohnungen,
obgleich noch27 andere Mietparteien dort leben.
Kennen Sie den Toten überhaupt?
Vielleicht von einem kurzen Gruß aus dem Aufzug,
aber mehr nicht?
Wie viele Menschen sterben seelisch alleine, weil
Sie die Gegenwart nicht spüren,
in der Vergangenheit leben, in eigenen Welten,
die niemand versteht?
Oft täte ein kurzer, freundlicher Blick gut, ein
nettes Wort, welches mehr ist als der Gruß.
Wie viele Menschen sterben alleine, weil sie mit
der Welt gebrochen haben, sich mit der Familie
zerstritten haben. Früher haben sie von den
anderen eine Entschuldigung erwartet, dann

haben sie sich immer wieder nach der Familie gesehen, aber nie den ersten Schritt gewagt. Sie haben sich eingeredet, dass der andere den ersten Schritt machen muss, er war ja schuld an dem Streit, aber war es wirklich so, oder war die Selbstüberzeugung stärker. Tief im Herzen wissen sie genau, dass es anders war. Sein Gewissen, sein Herz seine Seele kann man nicht belügen. Das hast Du gut geregelt lieber Gott. Herr des Trostes und Beistands, lass diese Menschen nicht alleine. Sei doch bitte im Augenblick des Todes bei ihnen, es ist der letzte Augenblick, den die Seele speichert. Und wenn sie dann gestorben sind, nehme sie zu Dir auf, in die Gemeinschaft der Seelen im ewigen Reich.

Danke und Amen.

Gebet für einen Burn-out Leidenden

Herr der Erkenntnis,
kann es wirklich Dein Wille sein,
dass mein bester Freund jetzt in diesem Loch
steckt,
diesem geistigen Loch, eingezwängt vom Stress,
der Ruhelosigkeit, des nicht weiter Wissens?

Ich glaube kaum, dass es Dein Wille ist,
denn wenn er freie Minuten hat, dann starrt er
vor sich hin,
sucht eine Zukunft, sucht ein Ziel auf einem
Weg, der verschwunden ist.
Herr, ist das wirklich Dein Wille?
Er erfüllt seine Arbeit, macht mehr als er
eigentlich müsste,
er hat ein Ehrenamt, setzt sich für andere ein,
ist für andere Menschen da,
obgleich es ihm niemand danken wird.
Wieso auch, er ist ja immer da, er ist ein
Rädchen, welches im Getriebe läuft
Und niemand bemerkt, dass es auch einmal
gewartet werden muss.
Herr, ist das wirklich Dein Wille,
dass dieser Mensch Gedanken hat, die
Hoffnungslosigkeit schon hinter sich lassen,

die an das Weitergehen denken, an den letzten
ultimativen Schritt?
Was ist denn sehnsuchtsvoller: die Einsamkeit in
sich oder der Freitod,
der all dem Stress ein Ende setzt, der so einfach
ist, wenn man es nur wirklich will.
Herr, ist das wirklich Dein Wille?
Ich glaube, nein ich bin mir sicher, das ist nicht
Dein Wille.
Ich flehe Dich also für meinen Freund an, zeige
ihm den richtigen Weg,
zurück zu Ausgeglichenheit, zur Entspannung,
zum normalen Alltag,

vielleicht sogar zu Dir.
Er ist es wert, bitte glaube mir, denn er ist mein
Freund und echte Freunde sind so
selten und deshalb so wertvoll.

Danke Du Lenker unseres Lebens.

Amen

Gebet für einen lieben Freund

Lieber Gott, Lenker unserer Wege.
Heute bete ich einmal für einen guten Freund von
mir.
Wir kennen uns schon sehr lange.
Über 25 Jahre. Die Freundschaft ist keine
Kinderfreundschaft, keine Schul- oder
Jugendfreundschaft. Ich würde sie
Sympathiefreundschaft nennen.

Wir sind so grundverschieden, wie es kaum
anders sein kann.
Ist das der Grund, warum wir uns so verstehen?
Manchmal verstehen wir uns nicht, oft sind wir
anderer Meinung, aber im Grunde denken wir
dann doch wieder in die gleiche Richtung. Das ist
es vielleicht. Wir finden einen gemeinsamen
Nenner.

Wir haben den gleichen Humor, meist jedenfalls
und das macht richtig Spaß.
Wir mögen die gleichen Zigarren und trinken
auch mal gerne ein alkoholfreies Weizenbier,
auch das verbindet vielleicht.

Sein Denken ist manchmal etwas kompliziert und hin und wieder auch negativ eingestellt.

Der Mensch, der ihm es recht machen kann muss noch geboren werden. Seine Frau ist vielleicht so ein Mensch. Ich bewundere sie auch deshalb. Aber eines weiß ich ganz sicher. Ich kann mich auf meinen Freund verlassen. Er ist darin genauso perfekt, wie im Einhalten von Zeiten, wenn wir uns verabredet haben.

Nach ihm kann man fast die Uhr stellen. Und diese Zuverlässigkeit ist es, was ich an ihm schätze.
Und er kann, wenn er will, auch zuhören, sagt mit wenigen Worten dann das richtige, wo andere lange Sätze brauchen.
Lieber Gott, dieser Freund ist krank. Er hat eine schwere Krankheit, über die er nicht gerne redet.

Ich weiß aber was es ist. Er bekommt Medikamente, die hoffentlich helfen, aber Du kannst ihm sicher besser helfen. Nun hält er es nicht so sehr mit der Religion, deshalb bete ich als Stellvertreter für ihn.

Er wird mich verstehen – wie Du mich verstehst.
Bitte lieber Gott, gib ihm eine Chance und noch
lange Zeit. Er ist weiß Gott, kein schwarzes
Schwein.

Lass ihn noch wenig die Erde mit seinem Humor
überziehen. Lass ihn auch ruhig weiter lästern,
von mir aus auch über mich, aber gib ihm eine
Chance, er hat sie verdient, denn er ist mein
Freund. Mein echter Freund.

Danke lieber Gott.

Amen

Gebet eines Forschers

Herr der Schöpfung,

wir kommen Dir immer näher, aber ob wir Dir nahekommen, weiß ich nicht.
Wir stehen kurz vor dem Durchbruch, dann sind wir dem Geheimnis der Schöpfung wieder ein Stück nähergekommen, geben den Atheisten wieder mehr Möglichkeiten, Dich anzuzweifeln. Wir erkennen langsam das WIE und das WO, auch dem WANN kommen wir näher, aber das WARUM werden wir wohl nie finden. Denn dem WARUM wird immer ein VIELLEICHT oder VIELLEICHT AUCH NICHT folgen. Und dem WIESO gerade hier und zu diesem Zeitpunkt werden wir auch nicht den richtigen Grad zumessen können.

Das lieber Gott, sind Dinge, die uns verschlossen bleiben, jedenfalls jetzt noch.
Und so sehr ich auch Wissenschaftler bin, so gerne ich auch forsche, aber diese Dinge möchte ich gar nicht wissen. Für mich es so schön den göttlichen Funken zu erahnen, aber nicht zu erkennen.

Wir haben so viele Dinge erforscht – der Menschheit zum Guten und der Menschheit zu Übel. Wir haben öfters schon versucht Gott zu spielen, vielleicht auch zu ersetzen, aber es ist uns nicht gelungen.

Wie gut, dass wir das Wetter noch nicht bestimmen können, die Blitze nicht lenken und die Wellen nicht steuern können. Das erinnert uns wenigstens an Dich.

Damit zeigst Du uns, dass es Dich gibt. Oder die Liebe. Warum schlägt sie bei einem Menschen ein, bei anderen nicht? Warum sind Gefühle da, Wahrnehmungen und Ahnungen.

Danke du großer Schöpfer, Du bist wirklich großartig und einmalig.

Amen

Gebet eines schlichten Menschen

Lieber Gott,

ich weiß, ich bin kein besonderer Mensch.
Ich habe keine besondere Schulbildung,
kämpfe mich mit einfachen Arbeiten durch das
Leben,
komme meist gerade so über die Runden.
Aber ich lebe.
Gut, das Geld für Lotto spare ich mir ab,
warum soll ich nicht auch einmal Glück haben.
Ich wäre ja schon mit einer kleineren Summe
zufrieden.
Eine Frau hatte ich auch mal, aber die ist mir
abgehauen,
weil ich ihr nichts bieten konnte.
Außerdem hat sie mich verlacht, weil ich am
Sonntag gerne in die Kirche gegangen bin. Das
fand ich nicht gut. Jeder darf doch glauben, was
er will.
Da war ich Dir noch näher, als in meinen geheimen
Gebeten.
Außerdem treffe ich da immer Menschen, denen
egal ist, ob ich viel verdiene und reich bin.
Ich bin sauber, ich bin ehrlich und ich kann
beten.

Ich glaube, das können nicht viele Menschen von sich sagen.
Ich meine damit auch innerlich sauber.
Du bist mein bester Gesprächspartner, weil Du Dich so klar und deutlich ausdrücken kannst, in meiner Sprache.
Ich habe nirgendwo in der Bibel gelesen, dass Du Abitur hast.
Lesen kannst Du, das weiß ich, denn Du hast im Tempel mit den Rabbinern diskutiert.
Da musst Du schon lesen können.
Aber jetzt verwechsele ich wohl Dich und Deinen Sohn.
Da halte ich mich an die Dreieinigkeit, Vater, Sohn und Heiliger Geist,
da bin ich dann auf jeden Fall richtig.
Lieber Gott, ich wollte mich nur mal so bei Dir melden und mich bedanken,
wie schön, dass es Dich gibt. Bleib bitte immer mein Begleiter.
Dein, na Du weißt schon.

Amen

Gebet eines Chorleiters

Herr der Schöpfung und auch Erdenker aller Kunst
gleich wollen wir das große Credo Dir zu Ehren singen.
Wir haben lange geübt. Jeder für sich und zusammen im Chor.
Wir haben an vielen Stellen gefeilt und immer wieder geübt.
Viele Stunden haben wir dafür geopfert, dass wir jetzt einige Minuten lang den Zuhörern eine Freude machen können mit dem Lob an Dich.
Das Stück ist schwer, doch wir haben keine Angst mehr davor, wie vor der ersten Probe noch, als wir uns eine Aufnahme davon anhörten.

Wir sind gut, wir schaffen es, wir glauben an uns.

Herr, gebe uns genug Luft, vor allem vor der sehr langen Amenpassage
und dem Schlussteil. Vor allem die Bässe müssen da Enormes leisten.
Gib unseren Solostimmen die Kraft, die sie brauchen, um sich an den entscheidenden Stellen gegen den Chor durchsetzen zu können.

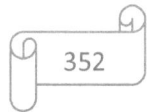

Herr, gebe den Zuhörern die Gelassenheit, wenn etwas nicht so gut klappt, darüber hinweg zu sehen und gebe ihnen die Freude an diesem Werk, bei dem wir so viel Freude hatten, es zu erlernen.

So und jetzt bete ich in Stille ein Vater Unser, wie ich es gerne für mich bete. Dann muss ich raus, der Chor geht gerade und stellt sich auf.

Allmächtiger Vater und Freund, gepriesen sei Dein Name.
Du sagst uns was geschieht – überall.
Bitte lasse niemanden mehr verhungern, zeige uns Wege, wie wir helfen können.
Vergib uns unsere Schuld, wir vergeben auch unseren Schuldnern.
Halte uns vor den Versuchungen des Bösen fern, auch wenn es verlockend ist.
Du bist überall, Du bist die Kraft und die Herrlichkeit, ewig und immer.

Amen

Gebet in aller Stille

Amen

Die Entscheidung für das erste Gebot

‚

Ich bin der Herr Dein Gott. Du sollst keine anderen Götter haben neben mir.'

Eigentlich sagen uns die zehn Gebote doch mehr, als alle Vorschriften der EU, das Grundgesetz oder alle Gesetzbücher, welche sich die Menschen erdacht haben.

Doch wir können uns ja meist schon nicht an das 1. Gebot halten. Und zwar an die Bitte - oder ist es ein Befehl? – ‚Du sollst keine anderen Götter haben neben mir.'.

Dabei ist das so einfach. Wir müssen uns nicht zwischen verschiedenen Göttern entscheiden. Wir haben nur den einen Gott.

Doch haben wir ihn wirklich? Sind nicht Hab und Gut oft göttlicher für uns. Ist uns das Ansehen, für manche Menschen auch das Aussehen, viel wichtiger als Gott? Ist das goldene Kalb nicht prächtiger, als Der, der seinen Sohn erbärmlich für uns am Kreuz sterben ließ? Ist denn ein brennender Dornbusch so ansehnlich oder eine Nebelsäule? Warum versteckt sich Gott vor

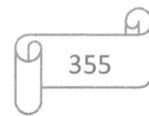

uns? Er hat uns doch zu seinem Ebenbild geschaffen. Da können wir uns doch eigentlich nicht erschrecken oder Angst vor ihm bekommen. Aber ablehnen könnten wir ihn, statt ihn zu lieben, wie er uns liebt. Und liebt er uns wirklich, wenn er uns mit Pest, HIV, Kriegen, Tsunamis oder Erdbeben straft? Sind Kinder schuldig, die im Krieg leiden – Väter und Mütter verlieren? Sind Menschen schuldig, weil sie sich lieben?

Vielleicht haben wir auch nur eine falsche Vorstellung von der Liebe, der Gnade und dem Zorn Gottes.

‚Vielleicht soll ich von meinem Leben, das Beste Dir nur geben.“ Ist das das Denken, welches Gott von uns verlangt.

Wenn wir uns unter uns Menschen umsehen, dann kann man fast glauben, Gott habe geirrt, als er uns schuf. Und doch gibt es Inseln, Oasen, Labstellen göttlichen Wesens. Dann wenn wir jemanden freundlich ansehen, wenn wir helfen, wenn wir für andere da sind. Widerblicke, Hilfe, Dank dürfen wir nicht erwarten, denn sonst kommt alles nicht von reinem Herzen.

Warum, lieber Gott, machst Du es uns Menschen so schwer, ehrlich zu sein, ehrlich zu lieben, ohne Retourgedanken zu helfen? Weil wir Menschen sind?

Ich will wenigstens versuchen, das 1. Gebot einzuhalten. Will versuchen, den Versuchungen der Scheingötter zu widerstehen.

Mein einfaches Bekenntnis lautet:

„Du bist mein Herr und Gott, ich will keine anderen Götter haben neben Dir."

Inhalt

Abend 15

Abendgebet 36

Abenteuer Leben 126

Absurd 185

All 91

Alleine 214

Alles 150

Amen Gebet für Schulanfänger 301

Anders eben 119

Augen 20

Außerirdisch 29

Beethovens Gebet 219

Bildhauer 134

Bitte einer Hausfrau 194

Demut erschaffen 136

Der dicke Kopf 62

Der Große 10

Die Gnade des Alters	67
Die Sonne lacht	172
Dienstagsgebet	190
Donnerstagsgebet	211
Dunkelheit	173
Du sollst Dir kein Bildnis machen	161
Ein Einfach-nur-so-Gebet	203
Eine Frage an Dich, Gott	307
Eine Frage habe ich da	39
Eine weitere Frage habe ich da	132
Ein Lachen ist verloschen	242
Einmal Danke	207
Ein tolles Pfund	228
E Kölsch Gebedd mit Übersetzung	244
Ende	175
Endlos	140
Entscheidung für das erste Gebot	355
Entscheidung treffen	149
Entwicklung	181

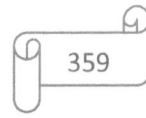

Et Gebedd (auf Kölsch)	128
Erinnerung	144
Fallschirme	116
Fehler	153
Fehler hinterlassen	246
Feinde	83
Fluchtkinder	178
Freier Lauf	124
Freitagsgebet	229
Friedensgott	11
Freude	145
Frühlingserwachen	79
Füße	129
Gebet an der Bahnschranke – genau….	37
Gebet am letzten Arbeitstag	328
Gebet als Reue	226
Gebet aus einem Slum – irgendwo auf der Welt	47
Gebet einer alten Frau	262
Gebet einer Gärtnerin	309

Gebet einer kranken Mutter

Gebet einer Mutter   101

Gebet einer Mutter für ihr krankes Kind   304

Gebet einer Reinigungskraft   332

Gebet eines alten, sterbenden Königs   286

Gebt eines Arztes   137

Gebet eines Atheisten   165

Gebet eines Bauern   264

Gebet eines Burn-out-Leidenden   343

Gebet eines Chorleiters   352

Gebet eines Dozenten   168

Gebet eines Ehemanns   258

Gebet eines Einschlafenden   197

Gebet eines Forschers   348

Gebet eines Gefangenen   288

Gebet eines Genesenen   340

Gebet eines Hinterbliebenen   321

Gebet eines Hundertjährigen   86

Gebet eines Hundes - eines kleinen Hundes   30

Gebet eines kleinen Jungen 8

Gebet eines Lehrers 299

Gebet eines Politikers 324

Gebet eines Prüflings 133

Gebet eines Reisenden 122

Gebet eines Schlaflosen 295

Gebet eines schlichten Menschen 350

Gebet eines Schwerkranken 99

Gebet eines Soldaten 212

Gebet eines Studenten 319

Gebet eines Torwächters 224

Gebet eines Verliebten 283

Gebet eines Vertreters 315

Gebet für ein Neugeborenes 217

Gebet für eine alte Frau 300

Gebet für eine Nachbarin 330

Gebet für einen lieben Freund 345

Gebet für vergessene Tote 341

Gebet eines Vergessenen, Verzweifelten 270

Gebet für ein Erstgeborenes 334

Gebet für ein Verkehrsopfer 260

Gebet für eine Entenfamilie 198

Gebet für einen Freund 291

Gebet für meine Füße 163

Gebet für einen Bruder 111

Gebet in aller Stille 354

Gebet in der Ferne 281

Gebet nach der Entdeckung des weißen Haares 326

Gebet nach einer Diagnose 328

Gebet nach einer Krankheit 252

Gebet um Regen 272

Gebet um Vergebung 222

Gebet und Frage eines Kindes 303

Gebet während eines Gewitters 256

Gebet vor einer Hochzeit 253

Gebet zum Abendmahl 279

Gebet zum Berufsanfang 311

Gebet zum Mittagessen 208

Gebet zum Totensonntag	268
Gebet zum Urlaubsbeginn	205
Gedankenflug	26
Gedankenspiele	191
Gegeben – nicht um zu nehmen	81
Gesündigt	117
Gewicht	297
Gewittergebet	114
Gewohnheitssache	97
Gib mir Zeit	27
Glücksmomente	57
Gnadenbitte	155
Gott und der See	182
Guten Morgen	284
Hallo Gott	75
Herbstdank	240
Herr, Du bist groß	16
Herr, ich bin satt	93
Herr ich danke Dir	66

Ich bin eben so 113

Ich verstehe Dich nicht, oh Herr 108

Illusionen 139

Im Himmel 231

Kopfschmerzgebet 50

Kraft 234

Lachgebet 250

Lebenstage 221

Letzte Worte 71

Liebesgott 127

Männergebet 313

Malade 57

Mittagsgebet 52

Mittendrin 53

Mittwochsgebet 192

Montagsgebet 184

Morgen 209

Morgengebet 146

Morgengedanken einer Bäckereifachverkäuferin 105

Mutterglück	89
Nebelschwaden	273
Ohne Eile	80
Paradies auf Erden	186
Pausengebet für eine Kassiererin	326
Profan	73
Proportionen	95
Rasiergebet	45
Reformen	266
Regeln	293
Regengebet	129
Rotkehlchen	18
Schmerzgebet	55
Schönheit	276
Schwer / leicht	236
Sehen, hören, sprechen	6
So kurz, so lang	255
Sonne	159
Sonnenstrahlen	13

So schwer	188
Staugebet	43
Steine	204
Suchen	141
Taufgebet	232
Traumgebet	317
Überall	177
Über mir	34
Umwege	180
Un...	63
Unerreichbar	148
Vergessen	277
Vogelfrei	22
Vogelhäuschen	28
Wahrheit sagen	151
Walderdbeeren	125
Was für ein Tag	248
Werde ich alt?	153
Wettergebet	157

Wie gerne …	29
Wie schön	60
Wie schön 2	216
Wie soll das enden?	41
Wolkenspiel	169
Wunder	200
Wunderbar	249
Zeitanfrage	65
Zufrieden	170
Zukunft	56
Zukunftsgedanken	88
Zweifel	238
Zwei Wünsche	85

Weitere Gebete finden Sie im Band

Allüberall

Von Peter Wolfgang Klose

Herstellung und Verlag:
BoD – Books on Demand, Norderstedt
ISBN: 978-3-7481-4753-4